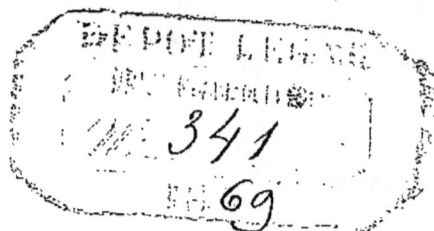

ARMORIAL TOULOUSAIN

Armorial Toulousain

ARMORIAL GÉNÉRAL

DES

FAMILLES NOBLES DU PAYS TOULOUSAIN

COMPRENANT :

Les noms patronymiques des familles, ceux de leurs fiefs,
les titres et dignités nobiliaires ; le blason de chacune d'elles gravé sur bois
avec sa description héraldique ; les devises, cris, couronnes, supports,
un historique sur chaque maison, avec les époques de l'anoblissement,
du jugement de maintenue, des preuves pour Malte, pour le service militaire ;
la mention des représentants
des maisons nobles actuellement existants, avec leurs qualités et résidence.

PAR ALPHONSE BREMOND

PREMIÈRE PARTIE.

TOULOUSE

L. HÉBRAIL, DURAND ET Cᵉ, IMPRIMEURS-LIBRAIRES

5, RUE DE LA POMME, 5

1869

A Monsieur MAXIME

Cte de ROQUETTE-BUISSON

Ancien député,
ex-membre du conseil général de la Haute-Garonne,
du conseil municipal de Toulouse;
administrateur des hospices, etc.; exécuteur de l'Obit de Malte,
à Toulouse.

MONSIEUR LE COMTE ;

Je remplis un devoir sacré, celui de la reconnaissance, en vous offrant la dédicace de l'*Armorial Toulousain*, que je vous prie d'agréer comme un gage de ma respectueuse gratitude.

C'est à vos encouragements et à votre bienveillance pour moi, en mettant si gracieusement à ma disposition le trésor de documents nobiliaires et historiques que vous possédez, et notamment le Registre Manuscrit des Preuves de Malte de la vénérable Langue de Provence, où se trouvent peints plusieurs milliers de blasons des familles nobles du Toulousain et de la Provence, qu'il m'a été donné de publier ce recueil d'armoiries. C'est donc autant à vous qu'à moi, MONSIEUR LE COMTE, que le public devra cette publication.

Daignez agréer, MONSIEUR LE COMTE, l'expression des sentiments respectueux avec lesquels je suis votre très humble et très obéissant serviteur.

ALPHONSE BREMOND.

PRÉFACE

Les Armoiries servent à distinguer les états, les provinces, les villes, les ordres religieux et de chevalerie (1) ; les communautés, les corporations, les confréries et les familles (2). Pour ces dernières, elles sont des marques héréditaires de noblesse communes à tous les membres d'une même famille. Les armoiries ont été généralement adoptées à l'époque de la première Croisade, vers 1096. Il y a plusieurs sortes d'armoiries, savoir :

(1) Les armoiries placées en tête de ce chapitre sont celles de l'ordre de Malte ou des chevaliers de Saint-Jean-de-Jérusalem.

(2) Voyez des exemples, page 23 et suivantes.

Les *Armoiries primitives* ou *anciennes* sont celles qui ne se composent que des métaux, des couleurs, des pièces honorables, d'animaux emblématiques et d'armes, l'épée surtout.

Les *Armoiries parlantes* sont celles dont les meubles ou les pièces du blason rendent un nom ou rappellent un fait historique. Généralement elles ne sont pas anciennes.

Les *Armoiries des anoblis*, dont le signe certain est le chef, fréquemment chargé de signes planétaires, tels que le soleil, le croissant, des étoiles, etc.

Quand on veut faire peindre, graver ou sculpter des armoiries, il faut suivre les règles fixes et déterminées qui font l'objet de la science héraldique. Notre cadre, par trop restreint pour donner ici un traité complet du blason, nous permet à peine de citer quelques exemples des termes les plus employés dans la composition héraldique des blasons.

MÉTAUX.

L'*or* est figuré, par la gravure ou par la sculpture, en creux ou en relief par un pointillé.

L'*argent* se représente par l'écu vide, ou les pièces sans aucune ligne ni point.

ÉMAUX *ou* COULEURS.

De *gueules* (rouge) est représenté au moyen de lignes verticales très rapprochées.

L'*azur* (bleu), par des lignes horizontales très rapprochées.

Le *sinople* (vert), par des lignes diagonales partant du canton dextre du chef et allant au canton sénestre de la pointe de l'écu.

Le *pourpre* (violet), par des lignes diagonales, inverses, tracées du canton sénestre du chef au canton dextre de la pointe de l'écu.

Le *sable* (noir) est représenté par des carrés, ou par des lignes verticales et horizontales formant de petits carreaux.

FOURRURES *ou* PANNES.

Outre les couleurs et les émaux employés en armoiries, il y a deux fourrures ou pannes : *l'hermine et le vair.*

L'*hermine* se compose d'un fond d'argent sur lequel on trace un semé de petites croix, dont la branche inférieure plus allongée est fendue en trois parties. Elles sont désignées dans la science héraldique par mouchetures d'hermine.

La *contre-hermine* est formée de l'inversion des couleurs de l'hermine, c'est-à-dire le champ de l'écu de *sable* (noir), et les mouchetures d'hermine sont d'argent.

Le *vair* est une sorte de fourrure qui est composée de petites peaux blanches et de marte noire azurée, découpées en forme de cloches. Le vair proprement dit est figuré en armoiries par l'argent et l'azur posés alternativement; il est indiqué sur les écussons gravés par les signes convenus pour ces deux couleurs.

Le *contre-vair* est figuré par des découpures d'un même émail, aboutées ou retournées et se joignant à leur base. Le *vair* peut être formé d'autres couleurs, mais alors on dit de la pièce ou de l'écu qu'il est vairé de tel ou tel émail.

PIÈCES ET FIGURES QUI CHARGENT LE BLASON

Les figures, pièces ou meubles qui chargent l'écu, sont de quatre sortes, savoir : les *figures héraldiques*, les *figures naturelles*, les *figures artificielles et inanimées*, les *figures chimériques*.

Les *figures héraldiques* du premier ordre dites *honorables*, parce qu'elles sont les plus anciennes, et qu'elles occupent ordinairement le tiers de l'écu, sont : le chef, le pal, la fasce, la bande, la barre, la croix, le sautoir, le chevron, la bordure, le franc-quartier, le giron, la champagne, l'écusson en cœur ou en abîme.

Les *figures héraldiques* du second ordre sont de création plus moderne, et ont par conséquent une forme plus étudiée, ce sont : la cotice, le lambel, le pairle, l'orle, la pile, la pointe, le trécheur, le canton, le gousset, le componné, l'échiquier, le treillissé, le burelé.

Les *figures héraldiques* du troisième ordre sont beaucoup plus nombreuses. Nous allons indiquer seulement les principales, qui sont : les besants, les tourteaux, les besants-tourteaux et les tourteaux-besants, les billettes, les carreaux, les losanges, les fusées, les mâcles, les rustres, etc.

Les *figures naturelles* représentent, ainsi que leur dénomination l'indique, des sujets ou des objets appartenant à la création. Le corps humain et toutes ses parties, le ciel, les astres, le soleil, la lune, les étoiles, les comètes, les éléments, les arbres, les plantes, les animaux de toute espèce, les oiseaux de toute sorte, etc., que l'on rencontre si fréquemment dans les armoiries, surtout dans celles postérieures au quatorzième siècle.

Les *figures artificielles et inanimées*, produites par la main de l'homme, ne sont pas moins nombreuses que les figures naturelles, et c'est surtout depuis l'invention des armes parlantes ou allusives que tous les objets dont on se sert dans la vie ordinaire ont trouvé place dans les armoiries. Exemple : les tours, les châteaux, les navires, les armes diverses, etc.

Les *figures chimériques* sont celles qui représentent des animaux fabuleux et fantastiques qui n'existent point dans la nature et qui ont été créés par les poètes et pour les fictions mythologiques, tels que : le dragon, le cen-

taure, l'hydre, le griffon, la sirène, le phénix,
la salamandre, le diable, l'aigle à deux têtes,
l'amphiptère, le lion dragonné, la chimère, le
vampire, etc.

SUPPORTS *ou* TENANTS.

On appelle *supports* les animaux qui soutien-
nent les blasons, et *tenants* lorsqu'ils sont tenus
par des hommes, des hercules, des anges, etc.
On doit conserver toujours les mêmes supports
ou tenants, ne point les modifier. Lorsqu'un
noble accole à son blason celui de sa femme,
il doit alors accompagner l'écu de celle-ci d'un
de ses supports ou tenants.

COURONNES, TIMBRES, CIMIERS, LAMBREQUINS.

Le Roi porte une couronne formée d'un cercle d'or enrichi de pierreries garnies de huit

hauts fleurons, d'où sortent quatre ou huit demi-cercles qui aboutissent à un globe ou monde d'or cerclé et croiseté d'or. Le bonnet est de velours écarlate. — Le casque est d'or, damasquiné, posé de front, ouvert et sans grille. Le casque ouvert est le symbole de la toute-puissance. La forme des couronnes varie aussi selon les nations ou les époques.

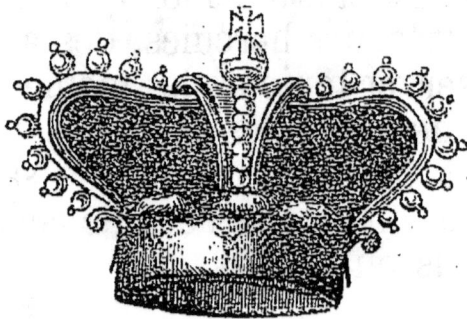

L'Empereur porte la couronne composée d'un cercle d'or, enrichi de pierreries relevées de six fleurons, d'où naissent quatre ou six demi-cercles aboutissant à un globe ou monde cerclé, cintré et surmonté d'une croix d'or. — Le casque est le même que celui du Roi. Les couronnes varient dans leur composition selon les nations et suivant les époques. La couronne impériale française de 1852 est entourée d'aigles d'or, mis dans les intervalles des demi-cercles.

Le PRINCE et le DUC ont la même couronne, composée d'un cercle d'or enrichi de pierreries précieuses, et rehaussée de huit fleurons fendus ou de feuilles d'ache; elle est garnie d'une toque de velours rouge, terminée par une croix, une houppe ou une perle. — Les Princes du sang portent un casque en or damasquiné, presque ouvert et avec onze grilles; les Ducs l'ont d'argent, posé de front et à onze grilles aussi.

Le MARQUIS a une couronne formée d'un cercle d'or, à quatre fleurons alternés de trois

perles rangées en forme de trèfle. — Le casque
dont il timbre ses armoiries est d'argent damasquiné à onze grilles, et les bords sont d'or.

Le **Comte** se reconnaît à la couronne, dont
le cercle d'or est surmonté de seize rayons
pyramidaux terminés par de grosses perles.
Lorsque la couronne de comte est figurée, on
doit toujours compter neuf perles de front,
comme ci-dessus. Il y a dans ce genre une par-
ticularité; nous voulons parler de *la couronne
comtale*, qui surmonte généralement les blasons des anoblis par le capitoulat, etc. — Le
casque qui timbre l'écu d'un comte est aux
deux tiers d'argent et à neuf grilles, et les bords
sont d'or.

Le **Vicomte** porte un cercle d'or surmonté

d'une rangée de perles en nombre indéterminé, mais plus exactement représenté comme ci-dessus. — Le casque est le même que celui du Comte.

Le BARON, dont la couronne ne diffère de celle du Vicomte qu'en ce qu'elle n'a que six perles, dont trois de front ; le cercle est entortillé d'un collier de perles. — Le casque d'argent bruni, posé aux trois quarts de front, a sept grilles et les lisières d'or.

Le VIDAME a la couronne d'or, garnie de pierreries et de perles rehaussées de quatre croisettes. — Cette couronne n'était portée que par les gens d'église.

Le GENTILHOMME ANCIEN non titré timbre ses armes d'un casque d'acier, poli et reluisant, posé en profil, à cinq grilles ; les bords sont d'argent, ornés d'un bourrelet qui est composé des couleurs de ses armes.

Le CHEVALIER, créé par lettres patentes, ou gentilhomme de trois races, porte un casque d'acier poli et reluisant, posé et taré en profil, la visière ouverte, le nasal relevé et l'avantaille abaissée, montrant trois grilles à sa visière.

L'Écuyer se distingue par le casque d'acier poli, posé de profil et sans grilles.

L'Anobli timbre son blason d'un casque d'acier poli, posé de profil et sans grilles, et la visière presque basse. Les armoiries portant un chef ou comble chargé de quelques pièces meublantes du blason ou des signes planétaires, appartiennent généralement aux anoblis de toutes les catégories. Les barons de l'Empire doivent timbrer leurs armoiries avec le casque seulement.

Les Veuves entourent leurs blasons accolés d'une cordelière tortillée, terminée par deux glands, durant le temps du veuvage.

Le Batard de gentilhomme se reconnaît au casque d'acier poli, posé de profil, contourné ou à sénestré, sans grilles et la visière baissée.

Le Cimier est la partie la plus élevée des ornements de l'écu; il se pose toujours sur la couronne ou sur le sommet du casque. Le cimier, comme timbre, est une marque d'antique noblesse et de chevalerie; par cela même il est héréditaire. Les simples gentilshommes, les écuyers et même les chevaliers qui n'avaient pas assisté à un tournois, n'avaient pas le droit d'en porter. Les cimiers de plumes ou de panaches sont les plus anciens et les plus fréquents. Les autres figures étaient faites de carton, de cuir bouilli, de bois peint et verni.

Les Lambrequins étaient des morceaux
d'étoffe ou de cuir découpés en fleurons et attachés au bourrelet; ils flottaient sur les épaules
du chevalier, et étaient destinés à couvrir le
casque, comme la cotte d'armes couvrait l'ar-
mure pour la garantir de l'action des intem-
péries et aussi pour atténuer l'ardeur du
soleil, les effets de l'air et la force des coups
dans les batailles. Les Lambréquins et le bourrelet ou torfil étaient aux couleurs de l'écu.

CONCESSIONS DES ARMOIRIES.

Primitivement les blasons étaient pris et
composés par les nobles sur des bannières
comme signe particulier de ralliement pour
leurs hommes ; il les faisaient sculpter sur leur
demeure, s'en servaient comme seing ou
marque particulière ; ils en marquaient les
objets leur appartenant. Jadis un gentilhomme
déclarait devant un notaire « *ne savoir écrire
pour cause de noblesse ;* » mais il apposait le
sceau de ses armes au bas de l'acte ou du
contrat.

Plus tard, à l'époque des anoblissements,
le Souverain se réserva la concession des
armoiries, qui étaient du reste décrites dans
les lettres patentes d'anoblissement. Le roi
Louis XIV, voulant conserver et consacrer
d'une façon authentique les armoiries, rendit
un édit, le 20 novembre 1696, confirmé par

un arrêt du conseil, portant création d'une grande maîtrise générale et souveraine pour l'enregistrement des armes ou blasons de toutes les personnes, provinces, villes, terres, seigneuries, corporations et communautés dans le grand Armorial de France. Ces enregistrements sont faits par diocèse.

Les armoiries concédées depuis 1808 sont enregistrées, avec les lettres patentes, ordonnances ou décrets d'anoblissement ou de collation de titres, au greffe de la Cour impériale du ressort où réside le nouvel anobli ou titré.

Voici un exemple de concession d'armoiries pour être portées en écartelure :

FRANÇOIS, par la grâce de Dieu, roi de France, sçavoir faisons à tous presents et advenir que les prédécesseurs de DENIS DE BEAUVOIR dit DE BELBÉZÉ, chevalier, baron de la Bastide, ont été parens des feus comtes de Toulouze avant l'union dudit comté à la Couronne, à icelluy de Beauvoir dit de Belbeze et ses hoirs et posterité avons donné permis et octroyé, octroyons et permetons de notre grâce spéciale, pleine puissance et authorité Royale, voulons et Nous plaist qu'ils puissent porter en l'un quartier de leurs armes tel qu'il leur plaira et advizeront les armes que portoient les feus comtes de Toloze qui sont tel-les, et pour la décoration d'icelles, de Luy et de ses hoirs postéri-té et lignée, toujours mais perpétuel-lement s'y donnons en mandement par ces dites présentes, au sénéchal de Toloze et à tous nos autres justiciers officiers ou à leurs lieutenants présens et advenir et à chascun cy comme à luy appartiendra que de nostre puissance, grace, permission et octroy fassent et laissent ledit de Beauvoir, ses hoirs et postérité et lignée, jouir et uzer pleinement et paisiblement sans leur mettre ou donner, ne souffrir estre fait, mis ou donné aucun trouble ni empechement; au contraire, lequel s'y fait mis ou donné leur estoit, ils le réparent ou fassent réparer ou mettre incontinent et sans dellay à pleine délivrance et au premier estat et deub.; et afin que ce soit chose ferme et stable à tou-jours, nous avons fait mettre nostre scel à ces dites présentes. Sauf que ne puisse préjudi-cier à Nous, nos successeurs, ny à autruy. Donné à Paris, au mois de fevrier l'an mil cinq

cens et dix huit, et de nostre regne le cinquie.

FRANÇOIS.

Ainsi signé sur le reply desdites lettres par le Roy, Robertel. En témoignage desquelles choses nous avons fait mettre le scel Royal de notre seneschaussée à ces présentes, le vingt cinquieme jour de may l'an mil cinq cens et dix neuf; signé, J. Chavanhac, judex major et commissarius; signé : P. et Fabris avec paraffe.

Antérinement prononcé à la salle Neufue Realle de Tolose, présents et comparents Me Guilhaume Dompmartin, etc., le dix-sept de may mil cinq cens dix neuf. En témoignage de ce à nous presentés, avons fait mettre le scel royal de notre seneschaussée le vingt cinquieme jour de may l'an mil cinq cens dix neuf. J. Chavanhal, juge mage, signé avec paraffe.

Collacion a esté faicte par nous, André du Bois, chevalier, seigneur de Coureliers, conseiller du Roy en son grand conseil et commissaire par y celuy deputé en cette partie, de la pnte coppie à son original en parchemin à nous représenté par le sr du Buisson de Beauvoir, partye requerante, en présence des procureurs

des partys ainsi qu'yl apparoist par notre pro-
ces verbal de ce jourdhuy signé de nous et
des procureurs. Fait à Paris, en notre hostel le
vingt cinq jours de juin mil cinq cens soixante
onze.

M. D.   A. du Bois.

Ce précieux document est entre les mains de
M. Maxime, comte de Roquette-Buisson.

LANGUEDOC (PROVINCE DE)

ARMES : De gueules, à la croix vidée, cléchée, pommetée et alezée d'or, ou *croix de Toulouse*. L'écu surmonté d'une couronne comtale et accosté de deux palmes de sinople liées de gueules.

HISTORIQUE : La province de Languedoc a hérité des armoiries de l'ancien comté de Toulouse ou plutôt de celles des comtes de Toulouse. Le pape Urbain II fit solennellement dans la basilique de Saint-Sernin, en 1096, la distribution de bannières armoiriées aux nobles chevaliers qui allaient se croiser à la Terre-Sainte contre les infidèles. Il remit à Raymond IV, comte de Toulouse et de Saint-Gilles, une bannière rouge sur laquelle était figurée une croix qui a été depuis désignée par *croix de Toulouse*, et décrite dans l'art héraldique comme ci-dessus. Ce fut d'abord le blason de la maison souveraine de Toulouse, et après 1271, il devint celui de la province de Languedoc, formée des domaines des feux comtes de Toulouse.

TOULOUSE (VILLE DE)

Les armoiries de la ville de Toulouse, dont nous avons publié l'*Historique* en 1855, sont : De gueules, à la croix vidée, cléchée, pommetée et alezée d'or, qui est la croix des comtes de Toulouse, soutenue d'une vergette du même ; à un bélier d'argent passant en pointe, la tête contournée, brochant sur la vergette (le bélier est l'animal emblématique choisi par les Toulousains à l'époque romaine); en chef deux tours d'argent maçonnées de sable, donjonnées chacune de trois donjons; ceux de la tour à dextre crénelés (représentant le Château-Narbonnais), ceux de la tour à sénestre couverts en clochetons (représentant l'insigne basilique de Saint-Sernin); au chef cousu d'azur, semé de fleurs de lys d'or, qui est de France ancien. (Extrait du *Nobiliaire Toulousain*, t. II, p. 467.)

COMMINGES (COMTÉ DE)

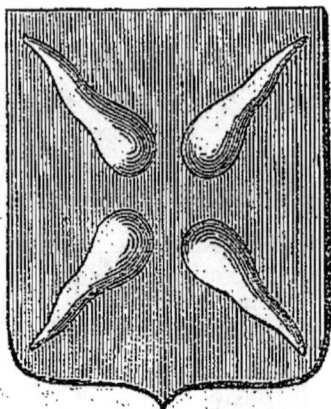

ARMES : De gueules, à quatre otelles d'argent mises en sautoir. — L'écu sommé d'une couronne comtale et accosté de deux branches de chêne.

HISTORIQUE : Ce sont les armoiries de l'ancienne maison souveraine de Comminges qui sont demeurées celles du pays ou de l'ancien comté de Comminges. Ce pays, après avoir appartenu aux Gascons, puis aux Français sous la seconde race, eut des comtes particuliers, vassaux d'abord des ducs d'Aquitaine, puis des comtes de Toulouse. Marguerite de Comminges donna son comté à Charles VII. Louis XI en fit don à Odet d'Aydie, seigneur de Lescun, à charge de retour à la couronne de France, ce qui arriva en 1548 ; alors eut lieu sa réunion définitive. C'était une élection et un pays d'Etats. L'évêque de Comminges résidait à Saint-Bertrand. Les Etats Généraux de la noblesse du Comminges furent tenus en 1789, à Muret, sa capitale. On appelle *otelles* en termes héraldiques, les *amandes*.

FOIX (COMTÉ *ou* PAYS DE)

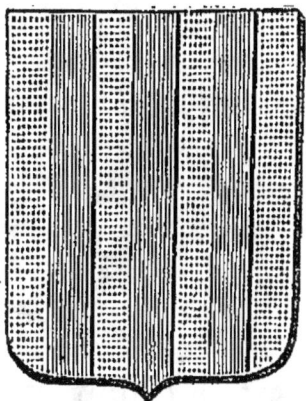

ARMES : Palé d'or et de gueules. — L'écu sommé d'une couronne comtale et accosté de deux branches de chêne de sinople fruitées d'or et liées de gueules.

HISTORIQUE : Les armoiries de ce pays sont celles de l'ancienne maison souveraine des comtes de Foix. Ce pays a pris son nom de sa capitale ; ce n'était jadis qu'une seigneurie appartenant aux comtes de Carcassonne et ensuite à ceux du Couseráns, qui, dans la suite, dépouillés du Couseráns, conservèrent le pays de Foix, et prirent la qualité de comtes. Depuis, ce comté a passé dans la maison de Grailly, qui avait pris le nom de Foix-Grailly. Le dernier comte de Foix a été François Phœbus, roi de Navarre, mort, en 1482, sans enfants. Il fit héritière de ses domaines sa sœur Catherine, qui épousa Jean d'Albret ; de cette maison il entra dans celle de Bourbon-Vendôme, et a été réuni à la couronne de France par Henri IV, en 1607. Le comté de Foix était un pays d'Etats, dont l'évêque de Pamiers était président.

QUERCY (PROVINCE DE)

ARMES : D'argent, au lion rampant et lampassé de gueules. — L'écu entouré de deux palmes de sinople liées de gueules et surmonté d'une couronne comtale.

HISTORIQUE : Le Quercy, *Cadurcensis Pagus*, dépendait jadis du comté de Toulouse, réuni à la couronne de France en 1271. Avant la Révolution, il faisait partie du gouvernement militaire des provinces de Guyenne et Gascogne, et se composait de trois élections : Montauban, Cahors et Figeac.

Cette province comprenait tout le pays occupé autrefois par les *Cadurci*, peuples de la Gaule celtique, dont Jules César parle beaucoup dans ses *Commentaires*. Ils ont été rangés sous l'Aquitaine par Auguste César, et sous la première Aquitaine par Valentinien. Depuis, le pape Jean XXII avait divisé cette province en deux diocèses, et avait attribué une partie du Quercy méridional au diocèse de Montauban, et l'autre à celui de Cahors, sous la métropole de Toulouse. L'assemblée générale de la noblesse du Quercy fut tenue en 1789.

SAINT-SERNIN
(ABBAYE ET BASILIQUE DE)

ARMES : De gueules, au taureau effarouché
d'or, entouré d'une corde rompue d'argent. —
L'écu surmonté d'une auréole ou nymbe d'or,
et accosté de deux palmes de sinople liées de
gueules.

HISTORIQUE : Ce sont les armoiries de l'ancienne abbaye de Saint-Sernin de Toulouse;
elles représentent la couleur des martyrs et les
instruments du supplice de saint Saturnin, premier évêque de Toulouse, patron de l'abbaye
et de la basilique, mort martyr en 250. On fait
toujours usage dans cette église d'un sceau
portant ses armoiries, et en exergue : *Sigillum
insignis ecclesiæ sancti Saturnini, Tolosæ.* Outre
les armoiries de l'abbaye, chaque abbé de
Saint-Sernin avait ses armoiries particulières
avec lesquelles il scellait les actes de son administration.

SAINT-SERNIN DU TAUR
(ANTIQUE ÉGLISE DE)

ARMES : Parti : au premier de gueules, au taureau effarouché d'or, entouré d'une corde rompue d'argent ; au second d'azur, à une Notre-Dame sans enfant, d'or. — L'écu surmonté d'une auréole ou nymbe d'or, et accosté de deux palmes de sinople liées d'azur.

HISTORIQUE : Ces armoiries, peintes sur un titre du XVIe siècle conservé dans les archives municipales, sont figurées sur le sceau de cette paroisse, qui porte en exergue : « ANTIQUE ÉGLISE PAROISSIALE DU TAUR, A TOULOUSE. » Jadis, l'église du Taur était dédiée à saint Saturnin ; dans les anciens actes, elle est désignée par : *Sancti Saturnini de Tauro.* Ce n'est qu'en 1530 qu'elle fut dédiée à la sainte Vierge. (Voyez *Histoire de l'antique église de Saint-Saturnin du Taur, actuellement Notre-Dame du Taur,* par Alph BREMOND. 1 vol. in-18, 1860.)

CHAPITRE MÉTROPOLITAIN

DE SAINT-ETIENNE, A TOULOUSE

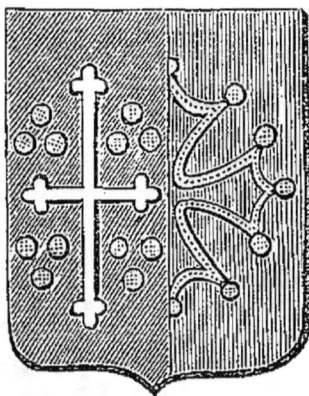

ARMES : De gueules, à la croix vidée, cléchée, pommetée et alezée d'or, qui est de Toulouse ; chargé en premier parti de pourpre, à la croix tréflée d'argent, cantonnée de douze besants d'or, bien et mal ordonnés, c'est-à-dire posés un et deux, puis deux et un.

HISTORIQUE : Le parti recouvre la première partie de l'écu de l'ancien comté de Toulouse, devenu plus tard celui de la province de Languedoc, en signe d'autorité sur la principale portion de ces Etats. La *croix d'argent*, sur le champ *de pourpre* (violet), étant du second métal ou bien du second ordre, fait suffisamment connaître qu'il en existe une supérieure (du premier métal), celle du premier pasteur du diocèse, l'archevêque métropolitain. Les *douze besants d'or* ronds accompagnant la croix dans ses cantons représentent les douze chanoines titulaires de premier ordre, dont l'autorité ecclésiastique vient après celle du métropolitain. Ces besants d'or, bien et malordonnés, indiquent que les douze chanoines du chapitre métropolitain sont égaux en dignité.

DESPREZ, ARCHEVÊQUE

ARMES : Coupé : en chef de sinople, à l'ancre d'espérance d'argent posé en pal ; en pointe, parti : au premier de gueules, à la croix tréflée d'or ; au deuxième d'azur, à l'anagramme de Marie d'or. — L'écu entouré des attributs de l'archiépiscopat. — DEVISE : *Spes nostra firma.*

HISTORIQUE : Lorsqu'un prélat n'a point d'armoiries de famille, il doit en composer de parlantes pour sceller les actes de son épisco-pat. Les armoiries représentées ci-dessus sont celles de Mgr Julien-Florian-Félix Desprez, archevêque de Toulouse, primat de la Gaule narbonnaise, comte romain, officier de la Légion d'honneur. Elles sont parlantes, savoir : *de sinople* (vert), couleur d'espérance, *à un ancre d'espérance d'argent* (espoir), « MON ESPOIR ; » puis *de gueules* (rouge), couleur de la passion ou du martyre, *à la croix tréflée d'or,* signe de la Rédemption et du salut « EN LA CROIX ; » *d'azur* (bleu), couleur des cieux, *à l'anagramme de Marie d'or,* « ET EN MARIE. » Donc : MON ESPOIR EN LA CROIX ET EN MARIE !...

NOBILIAIRE TOULOUSAIN

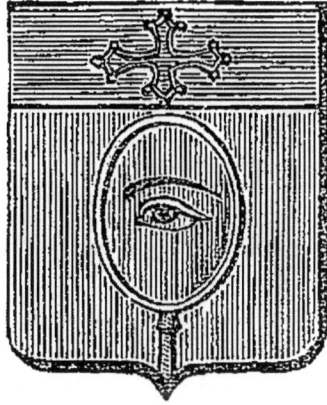

ARMES : De gueules, à la psyché d'argent, emmanchée d'or, chargée d'un œil ouvert du même ; au chef cousu d'azur, à la croix vidée, cléchée, pommetée et alezée d'or, qui est la croix de Toulouse.

HISTORIQUE : Les armoiries imprimées ci-dessus sont parlantes. Voici leur signification : *Vue, certifiée vraie pour le Nobiliaire Toulousain.* L'*œil* : vue ; — la *psyché*, miroir de la vérité ; — en chef, *la croix de Toulouse*. — Nous nous servons d'un sceau portant lesdites armoiries ; nous l'apposons plus particulièrement sur les expéditions faites par notre intermédiaire sur les documents authentiques ou officiels qu'on nous communique en justification de titres nobiliaires ou de noblesse. C'est ce qu'on appelle un sceau d'administration particulière.

ADHÉMAR ou ADÉMAR

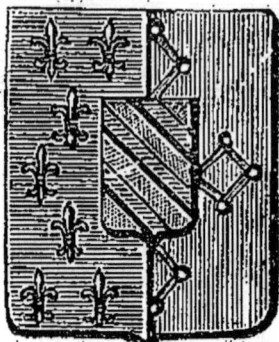

ARMES : Parti de France ancien et de Toulouse ; à l'écusson ou sur le tout d'or, à trois bandes d'azur.

DEVISE : *Plus d'honneur que d'honneurs.*

HISTORIQUE : Famille très ancienne du pays Toulousain, dont un des membres, Lambert Adémar, fit partie de la troisième croisade, entreprise en 1188. Elle a figuré plusieurs fois au capitoulat depuis 1207 ; elle a été maintenue dans sa noblesse par jugement du 20 septembre 1668, et a joui de toutes les prérogatives nobiliaires.

SEIGNEURIES : de Monteil, de Grignan, Lantagnac, Cransac, Trilles, Trel, Trébas, etc.

REPRÉSENTANTS ACTUELS : M. Ferdinand d'Adhémar de Cransac, chef d'escadron en retraite, ✲, rue d'Aubuisson, 50 ; Mlle d'Adhémar, rue des Régans, 17 ; M. Victor d'Adhémar, rue de Done-Coraille, 3, à Toulouse ; M. Albert d'Adhémar de Panat, au château de Panat, par Clairvaux (Aveyron) ; M. Gaston d'Adhémar de Cransac, allées Saint-Michel, 1 ; M. Louis d'Adhémar de Cransac, rue Merlane, 4, à Toulouse.

1

AGUIN ou DAGUIN

ARMES : D'azur, au chevron d'or, accompagné de trois oiseaux d'argent, posés deux en chef et un en pointe ; au chef cousu de gueules, chargé de trois épées antiques d'or, mises en pal la pointe en bas.

HISTORIQUE : Nicolas d'Aguin, écuyer, trésorier général de France à Toulouse, fut élu capitoul en 1705. Cette famille a donné trois conseillers au parlement de Toulouse, dont deux furent présidents, deux capitouls, un mousquetaire, un chevalier de Saint-Louis.

SEIGNEURIES : Nicolas d'Aguin dénombra la baronnie de Launac, en 1689 ; sa veuve, Anne de Crozat, fit le même dénombrement en 1725, et Jean-Joseph d'Aguin, le 1er octobre 1735.

REPRÉSENTANTS ACTUELS : M. Richard d'Aguin, baron de Launac, rue Fermat, 6, à Toulouse, et au château d'Escalquens ; M. Alphonse d'Aguin, curé à Montlaur.

ALDÉGUIER

ARMES : D'or, à l'aigle éployée à deux têtes de sable, dite de Prusse ; au chef d'azur, chargé d'un croissant d'argent accosté de deux étoiles d'or. (Armorial de 1696.)

HISTORIQUE : Plusieurs membres de la famille d'Aldéguier ont été appelés aux honneurs du capitoulat de Toulouse, en 1603, 1611 et 1614 ; elle a aussi fourni des trésoriers généraux de France, des conseillers au parlement de Toulouse et quelques officiers à l'armée. Elle fut maintenue dans sa noblesse par M. Bazin de Besons, intendant de Languedoc, le 3 juin 1669, et par M. de Lamoignon-Basville, le 13 juin 1699.

SEIGNEURIES : Les d'Aldéguier ont dénombré les fiefs nobles de Blagnac, d'Ayguesvives, de Roquette, et la co-seigneurie de Montesquieu-de-Lauragais.

REPRÉSENTANTS ACTUELS : M. Gaston d'Aldéguier ; Mme veuve Auguste d'Aldéguier, née de Barbot ; Mme veuve Flavien d'Aldéguier, née de Long, rue Darquier, 6, à Toulouse.

AMADE

ARMES : D'argent, au lion rampant de sable, armé et lampassé de gueules ; au chef d'azur chargé de trois besants d'argent.

HISTORIQUE : Jean-Baptiste-Joseph d'Amade, lieutenant de la garde royale à cheval, à Montauban, reçut des lettres de noblesse, le 28 décembre 1815 ; elles furent enregistrées par la cour royale de Toulouse, le 10 février 1817. La famille Amade ou d'Amade, originaire du Quercy, a donné plusieurs consuls à Castelsarrasin. Elle a contracté des alliances honorables avec les maisons de Soubiran de Poumarède, de Bellou, de Linas, de Moynier, de Montbrun, de Moriés, de Mieulet de Ricamont, de Celéry d'Allens, etc.

SEIGNEURIES : Joye, au pays de Rivière-Verdun.

REPRÉSENTANTS ACTUELS : M. Adolphe d'Amade, sous-intendant militaire en Afrique : M. Stéphane d'Amade, agent-voyer principal, rue du Moustiers, 69, à Montauban ; et leurs fils.

ANDOQUE DE SÉRIÉGE

ARMES : D'or, à une bande de gueules, chargée de trois têtes de levrier coupées d'argent, accolées de sable et bouclées d'or. (Armorial de 1696.) — *Couronne* : de comte. — *Supports* : deux levriers debout d'argent accolés de sable, la tête contournée.

HISTORIQUE : La maison d'Andoque, originaire du Rouergue, s'est transportée dans le bas Languedoc, où elle a possédé plusieurs fiefs nobles et où elle fut confirmée dans sa noblesse, par un arrêt de la cour des aydes et finances de Montpellier, rendu le 17 novembre 1735.

SEIGNEURIES : Du Bartet, du Bosc, de Sériége, en Languedoc.

REPRÉSENTANTS ACTUELS : M. Alexandre Andoque de Sériége, membre du conseil général de l'Hérault, maire de Cruzy, à Sériége, et rue des Arts, 7, à Toulouse ; M. Henri-Barthélemy, propriétaire, à Cuxac-sur-Aude ; M. E. Andoque de Sériége, à Fontcouverte, près de Capestang (Hérault).

ANDRÉ DE SERVOLLES

ARMES : D'or, au sautoir de gueules, ou croix de saint André : au chef d'azur, chargé de trois étoiles d'or ; Arnaud d'André, capitoul en 1628, a chargé le sautoir : d'une main de carnation, brassadée d'azur, mouvante du flanc dextre de l'écu, en mémoire de ce que le roi Louis XIII lui avait donné sa main à serrer.

HISTORIQUE : Les André ou d'André sont très anciens ; on les trouve sur les listes capitulaires en 1226. Ils furent maintenus dans leur noblesse par jugements souverains rendus par M. Bazin de Besons, intendant de Languedoc, les 23 et 27 septembre 1669.

SEIGNEURIES : Servolles, dans la sénéchaussée de Limoux, et la Geyre.

REPRÉSENTANTS ACTUELS : M. d'André de Servolles père, ancien censeur ; M. Henri, ancien magistrat : M. Joseph, avocat, rue Saint-Rome, 45, à Toulouse.

ARZAC *ou* DARZAC

Armes : D'azur, à la bande de gueules, bordée d'or, chargée de trois fleurs de lys d'or posées en bande, accompagnée en chef de trois étoiles du même, mises de même, et en pointe d'un bélier d'argent passant sur une terrasse de sinople.

Historique : Très ancienne famille originaire des frontières d'Espagne, où elle possédait anciennement la seigneurie d'Arzac près de Bayonne ; puis, elle est venue s'établir dans le Rouergue et dans le Lauragais, où elle fut maintenue dans sa noblesse par M. Pellot, intendant de Guienne, et par M. Le Gendre, intendant de Montauban le 8 juillet 1700. François d'Arzac était conseiller au parlement de Toulouse en 1556. Cette famille a donné un chevalier à l'ordre de Malte.

Seigneuries : d'Arzac, de Sébrazac, La Force, du Cayla, de la Grèze, de Camboulan, etc.

Représentant actuel : M. Marius Arzac, propriétaire, rue Romiguières, 2, à Toulouse, s'est pourvu en revendication devant la Commission du Sceau.

ASTORG

Armes : D'or, à l'aigle éployée de sable. — *Couronne* : de baron. — *Supports* : deux lions d'or.

Historique : Pierre Astorg, toulousain, a fait partie de la première croisade commandée par Raymond de Saint-Gilles, en 1096. Cette ancienne et illustre famille a été représentée à la septième et huitième croisades, dans l'ordre des chevaliers de Malte, aux assemblées de la noblesse, dans l'armée et dans le capitoulat. Elle a été confirmée dans sa noblesse par jugements souverains rendus par M. Bazin de Besons, intendant de Languedoc, en 1668 et en 1671.

Seigneuries : *Baron* de Lux (maintenue de 1671), Montbartier, Estapoul, Goyrans, Raus, Aubarède, Barbazan, Larboust, etc.

Représentants actuels : M. d'Astorg, O. ✳, ministre plénipotentiaire de France à Darmstadt (Allemagne); M. d'Astorg, à Toulouse.

AURE DE LYAS

ARMES : D'azur, à une fasce d'argent, chargée de cinq têtes d'éoles de carnation soufflant du vent sur deux branches de lys de jardin de naturel terrassées de sinople ; en chef, un soleil agissant d'or, accosté de deux étoiles du même.

HISTORIQUE : Cette famille tire sa noblesse du capitoulat, ainsi que le dit le jugement de maintenue, rendu par M. Bazin de Besons, intendant de Languedoc, le 3 juillet 1669. Elle fut aussi confirmée dans sa noblesse par M. Sanson, intendant de Montauban, le 22 avril 1697, et par MM. Le Pelletier et Laugeois, le 10 février 1699 et le 11 novembre 1715. Jugement de rectification de nom rendu par le tribunal de Muret, le 25 mai 1860, en faveur des suivants.

SEIGNEURIES : Lyas en Lomagne, Aurival et Viella en Nébouzan.

REPRÉSENTANTS ACTUELS : M. Henri et Louis d'Aure de Lyas frères, à Muret (Haute-Garonne).

1

AURIOL-MAISONS

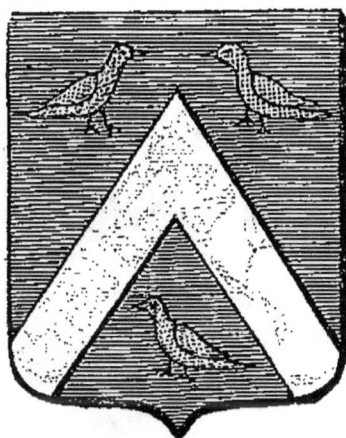

ARMES : D'azur, au chevron d'argent, accompagné de trois loriots d'or *(auriols)*, posés deux affrontés en chef et un en pointe. (Testament de Pierre d'Auriol, avocat, du 16 novembre 1781).

HISTORIQUE : C'est la descendance d'un membre de l'ancienne maison d'Auriol, qui s'est fixé dans le Quercy, en Lomagne plus particulièrement. On trouve encore des représentants de cette branche à Saint-Clar, à Montgaillard (Gers) et à Toulouse. Ces derniers, sur les preuves produites, ont revendiqué leur ancienne orthographe de nom devant le tribunal civil de Toulouse, qui a rendu, au commencement du mois de mai 1865, un jugement de rectification qui a été publié dans le journal l'*Aigle* du 8 mai 1865, n° 4519 ; et plus tard, par le tribunal de 1re instance de Castelsarrasin. D'Auriol-*Maisons* par substitution.

REPRÉSENTANTS ACTUELS : MM. Xavier et Joseph d'Auriol-*Maisons* frères, rue Nazareth, 20 : M. d'Auriol, rue du Vieux-Raisin, 16, à Toulouse.

AVESSENS DE MONTCAL

ARMES : D'argent, à la bande d'azur potencée et
contre-potencée d'or, accompagnée d'une rose de
gueules, tigée et feuillée de sinople, mise en
barre. — *Couronne* : de comte. — *Supports* : deux
griffons d'argent.

HISTORIQUE : Dans les anciens actes, on trouve le
nom patronymique de cette famille, écrit tantôt
Abessens, tantôt *Avessens* et même *Davessens* : ce
n'est qu'une question de prononciation ou d'orthographe. La maison d'Avessens est très ancienne
dans le Lauragais : plusieurs de ses branches ont été
maintenues dans leur noblesse par jugements souverains rendus par M. Bazin de Besons, intendant
de Languedoc, en 1669 ; elle a donné deux chevaliers à l'ordre de Saint-Jean de Jérusalem, et elle
a été représentée à l'assemblée générale de la
noblesse, tenue à Toulouse en 1789.

SEIGNEURIES : Montesquieu de Lauragais, Saint-
Rome, Montcal, Tarabel, etc.

REPRÉSENTANT ACTUEL : M. d'Avessens de Montcal, propriétaire, rue Saint-Étienne, 14, à Toulouse.

AYMAR DE PALAMINY

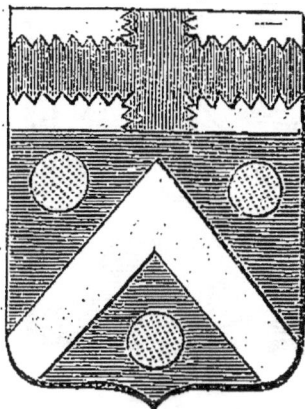

ARMES : D'azur, au chevron d'argent, accompagné de trois besants d'or ; au chef d'argent, chargé d'une croix engrelée de gueules. Une branche portait le chevron moucheté d'hermine de sable. — *Couronne* : de marquis. — *Supports* : deux lions d'or.

HISTORIQUE : Plusieurs membres de cette famille ont figuré avec distinction au parlement de Toulouse depuis 1569, et au capitoulat, en 1572 ; elle a été aussi représentée aux assemblées générales de la noblesse à Toulouse, à Castres et à Muret, en 1789. Dominique-Louis d'Aymar de Palaminy était alors lieutenant des maréchaux de France au pays de Comminges.

SEIGNEURIES : de Palaminy, de Laloubère, de Montclar, etc., en Comminges.

REPRÉSENTANTS ACTUELS : M. d'Aymar de Palaminy, à Laloubère ; M. Gaston d'Aymar de Palaminy, rue des Chapeliers, 16, à Toulouse.

BAILET DE BERDOLLE

ARMES : D'azur, au chevron d'argent, accompagné de trois têtes de lion arrachées, du même et lampassées de sable, deux en chef et une en pointe. — *Couronne* : de baron. — *Supports* : deux lions.

HISTORIQUE : Cette famille a été anoblie par le capitoulat de Louis Bailet de Berdolle en 1746, qualifié alors d'écuyer et de seigneur baron de Goudourville. Il fut pourvu d'un office de conseiller à la cour des aydes et finances de Montauban, le 21 mars 1770. Il fit, le 12 septembre 1754, le dénombrement de ses fiefs nobles devant les trésoriers généraux à Montauban. Le baron de Goudourville fut convoqué à l'assemblée générale de la noblesse tenue à Cahors, en 1789.

SEIGNEURIES : Goudourville, Saint-Vincent, Lalande, Espiémont, Saint-Pierre, Maurel, Sigognac, Curson, etc.

REPRÉSENTANTS ACTUELS : M. Théodore Bailet de Berdolle, baron de Goudourville père, ancien capitaine d'artillerie, ✳, rue des Fleurs, 13, à Toulouse; MM. Paul et Charles, ses fils.

BANCALIS DE MAUREL D'ARAGON

ARMES : D'azur, à l'aigle éployée d'or, qui est *de Bancalis;* écartelé d'azur, au chevron d'or, accompagné de trois étoiles d'argent, qui est *de Maurel d'Aragon.* — *Couronne* : de marquis. — *Supports* : deux griffons. — Manteau de pair de France.

HISTORIQUE : La famille de Bancalis est originaire du Rouergue, où elle possédait, au treizième siècle, la seigneurie de Pruhines. Elle a donné des chevaliers du Temple, de Malte, de Saint-Louis; un sénéchal de Beaucaire en 1365; un commandeur du Temple en 1317; des pages; un pair de France héréditaire, en 1819 (M. de Bancalis, marquis d'Aragon); des députés; des chevaliers de la Légion d'honneur. Maintenues du 6 août 1668, et par M. Sanson, intendant de la généralité de Montauban, le 27 avril 1697.

SEIGNEURIES : Bancalis, Pruhines, Lormet, etc.; *Aragon* (1690).

REPRÉSENTANT ACTUEL : M. Alexandre-Charles de Bancalis de Maurel, marquis d'Aragon, rue des Fleurs, 13, à Toulouse, et au château de Saliés, près d'Albi (Tarn).

BANNE D'AVÉJAN

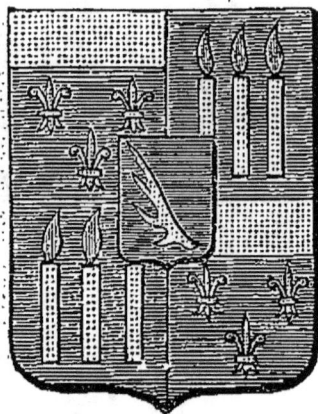

ARMES : D'azur, à trois fleurs de lys d'or, posées deux et une ; au chef retrait d'or, qui est *d'Estaing* ; écartelé d'azur, à trois torches d'or allumées de gueules mises en pal, rangées en fasce, qui est de *La Fare* ; sur le tout, d'azur, à la demi-banne ou ramure de cerf d'or mise en bande, qui est de *Banne*.

HISTORIQUE : Cette maison qui tire son nom de la terre de Banne, diocèse de Viviers, est sans contredit une des plus anciennes du Languedoc. Tous les auteurs qui ont écrit sur la noblesse de cette province donnent une date très reculée à l'origine de cette famille. Elle a été maintenue, dans ses différentes branches, par M. Bazin de Besons, intendant de Languedoc, en 1668, et a joui de tous les honneurs et de toutes les prérogatives nobiliaires. La branche aînée obtint des lettres patentes d'érection des terres en *marquisat*, en 1736, données par le roi en faveur de messire Louis de Banne, lieutenant-général.

REPRÉSENTANT ACTUEL : M. Léonce de Banne, marquis d'Avéjan, rue Perchepinte, 34, à Toulouse.

BEDOS DE CELLES-SALELLES

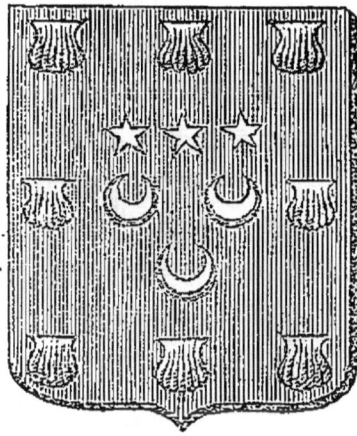

ARMES : De gueules, à trois croissants d'argent mis deux et un, sommés de trois étoiles d'argent, *allias* d'or, rangées en face, à l'orle de huit coquilles d'argent. — *Couronne* : de marquis. — *Supports* : deux lions d'or.

HISTORIQUE : Cette famille, originaire de Languedoc, remonte à Bérenger Bedos, qui rendit hommage au roi en 1396. Hector Bedos était seigneur de Celles en 1636, d'où elle a retenu le nom de Celles qu'elle porte encore. Elle a donné deux chevaliers à l'ordre de Malte en 1618 et en 1633. Maintenue dans sa noblesse par jugement souverain, rendu par M. Bazin de Besons, le 12 septembre 1668. Il y a une autre famille de Bedos, anoblie en 1615 et maintenue le 10 juillet 1669.

SEIGNEURIES : Celles et Salelles, en Languedoc.

REPRÉSENTANTS ACTUELS : M. Adrien de Bedos de Celles-Salelles, propriétaire, à Dorian, près de Caux (Hérault); M. Denis-Prosper de Bedos de Celles-Salelles et ses fils.

BELLISSEN

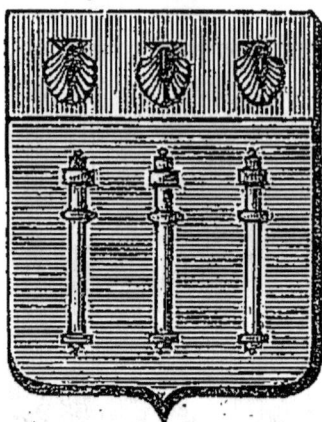

ARMES : D'azur, à trois bourdons de pèlerin d'argent posés en pal ; au chef cousu de gueules, chargé de trois coquilles d'argent rayées de sable. *Couronne* : de marquis. — *Supports* : deux sauvages, armés d'une massue appuyée sur le sol.

HISTORIQUE : Ancienne maison du comté de Foix. Roger, fils de Bellisen, rendit hommage, en 960, à Ermengard, pour le château de Mirepoix. Il a été publié à Paris, en 1865, un *recueil de documents concernant la maison de Bellissen* par François Davis. Plusieurs branches de cette famille ont été maintenues et ont joui des honneurs et des prérogatives dus à la noblesse. Elle a donné plusieurs chevaliers à l'ordre de Saint-Jean-de-Jérusalen.

SEIGNEURIES : Limousis, Salelles, Malves, Saint-Couat, Rustiques, Milhepetit, Talairan, érigé en marquisat en 1750, Cabardès, Montclar, Cailhavel, Montréal, Ayrous, Durfort, Durban, Bénac, etc.

REPRÉSENTANTS ACTUELS : M. de Bellissen-Bénac, place Saint-Etienne, 14 ; M. Henri de Bellissen-Durban, rue Nazareth, 8 ; M. Cyprien de Bellissen, rue Tolosane, 6, à Toulouse.

BELLOC

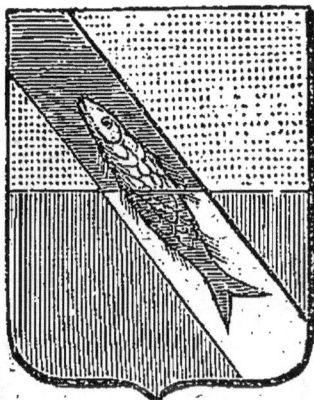

ARMES : Coupé d'or et de gueules, à la bande coupée d'azur et d'argent, chargée d'un poisson aussi coupé d'argent et d'azur, de l'un en l'autre, brochant sur le tout. — *Couronne* : de comte. — *Supports*, deux cygnes d'argent.

HISTORIQUE : Cette famille a été anoblie par le capitoulat d'Antoine Belloc, bourgeois de Toulouse, en 1647 et en 1667. Elle a donné des présidents aux requêtes et un conseiller au parlement de Toulouse, mort président de la première chambre ; un président en l'élection de Comminges, etc. Un jugement du tribunal de Béziers, du 2 janvier 1860, ordonne la rectification des actes de l'état civil de M. Augustin Belloc, né le 11 juin 1810, en faisant l'addition de la particule DE.

SEIGNEURIE : Las Sarrades ou Lassarrades.

REPRÉSENTANTS ACTUELS : M. Augustin de Belloc de Chamborant, propriétaire à Béziers (Hérault) ; M. Elzéar-Marie-André de Belloc de Chamborant, fils du précédent, à Béziers (Hérault).

BELLOC DE CHAMBORANT

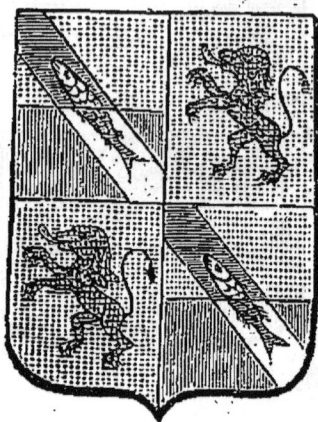

ARMES : Coupé d'or et de gueules, à la bande coupée d'azur et d'argent, chargée d'un poisson aussi coupé d'argent et d'azur, de l'un en l'autre, brochant sur le tout, qui est *de Belloc*; écartelé d'or, au lion rampant de sable, armé et lampassé de gueules, qui est *de Chamborant*. — *Couronne* de comte. — *Supports* : un cygne d'argent et un dragon d'or.

HISTORIQUE : Par décret impérial, en date du 25 juillet 1864, après l'avis et décisions du conseil d'Etat, M. Augustin de Belloc, né le 11 juin 1840, a été autorisé à ajouter à son nom patronymique celui *de Chamborant*, et à se nommer à l'avenir DE BELLOC DE CHAMBORANT, en vertu d'une substitution. Décret enregistré à Béziers, le 24 février 1867.

REPRÉSENTANTS ACTUELS : M Augustin de Belloc de Chamborant et M. Elzéar-Marie-André, son fils, habitants à Béziers (Hérault.)

BERNARD DE SAINT-LARY

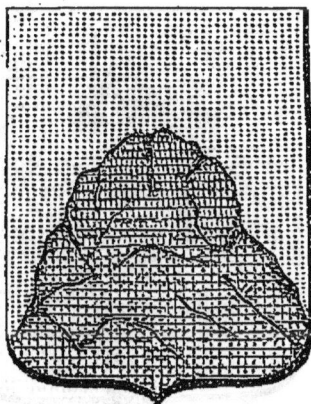

ARMES : D'or, à un mont de sable. — *Couronne* : de comte. — *Supports* : un lion d'or et un levrier d'argent.

HISTORIQUE : Joseph de Bernard de Saint-Lary, en Lomagne, capitaine de cavalerie, etc., habitant la juridiction de Laplume, fut assigné, le 4 octobre 1716, en production de titres nobiliaires ; il avait été condamné, par défaut, par M. Pellot, intendant de Guienne, suivant jugement rendu le 3 août 1666. Mais il prouva ses droits par actes écrits, et fut confirmé dans sa noblesse, en vertu desdites preuves, par M. Le Gendre de Montclar, intendant de Montauban, le 3 novembre 1717.

SEIGNEURIES : Saint-Lary, en Lomagne.

REPRÉSENTANTS ACTUELS : M. Francis de Bernard de Saint-Lary, propriétaire, à Castelnaudary et à Toulouse, place du Capitole, 9 ; M. Edmond de Bernard de Saint-Lary, à Saint-Lary (Lot-et-Garonne).

BERTIER

ARMES : D'or, au taureau effarouché de gueules, chargé de cinq étoiles d'or, *allias* d'argent, posées en bande, de front en fin.

DEVISE : *Dant sidera vires !...*

HISTORIQUE : La maison de Bertier est une des plus illustres de Languedoc ; elle a donné des hommes distingués au haut clergé, à la magistrature, à l'administration, à l'armée, et plusieurs chevaliers à l'ordre de Malte. Elle a été maintenue dans sa noblesse par jugement souverain, rendu par M. Bazin de Besons, intendant de Languedoc, le 8 juillet 1669, et convoquée à toutes les assemblées de la noblesse.

SEIGNEURIES : Pinsaguel, Saint-Geniez, Montrabé, Vernet, Belpech, Paleficat, et des fiefs nobles à Portet, Venerque, Sainte-Quitterie, etc.

REPRÉSENTANTS ACTUELS : M. Philippe de Bertier, place Saint-Etienne, 14 ; M. Emile de Bertier, rue Nazareth, 40, à Toulouse.

BONET de SALELLES

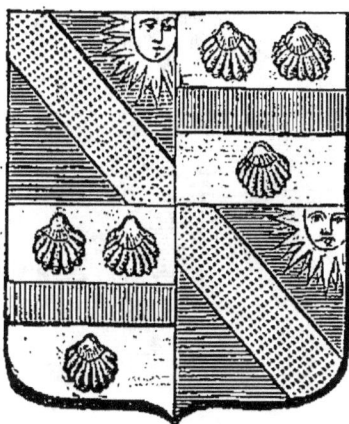

ARMES : D'azur, à la bande d'or accompagnée en chef d'un soleil agissant d'or, cantonné à sénestre ; écartelé d'argent, à la fasce de gueules accompagnée de trois coquilles de sable rayées d'argent. Aux armes des de Bonet, il faut faire l'addition de celles de : *de Massia*, *de Salelles*, depuis l'alliance de la dernière héritière de cette maison avec messire de Bonet. — *Couronne* : de marquis. — *Supports* : deux lions.

HISTORIQUE : Joseph de Bonet de Salelles fut conseiller au conseil souverain du Roussillon, de 1774 à 1790. Il rendit hommage au roi pour les terres seigneuriales de Salelles et de Loupian, le 20 décembre 1776. Un sieur de Bonet de Salelles fit ses preuves de noblesse pour le service militaire, devant M. Chérin, généalogiste du roi, le 28 février 1785. Joseph de Bonet de Salelles fut convoqué aux assemblées de la noblesse tenues, en 1789, à Carcassonne et à Perpignan.

REPRÉSENTANTS ACTUELS : M. Hercule de Bonet, marquis de Salelles, rue Tolosane, 1 : M. Paul de Bonet de Salelles, allées Saint-Étienne, 46, à Toulouse ; M. Henri-Hippolyte de Bonet de Salelles, à Paris et à Toulouse, rue de Done-Coraille, 5.

BON

ARMES : D'azur, au dauphin couronné d'or : au chef cousu de gueules, chargé d'un croissant d'argent accosté de deux étoiles d'or.

HISTORIQUE : La famille de Bon est une de celles qui ont figuré au capitoulat. Guillaume Bon, seigneur de Pinier ou de Labrepin et co-seigneur de Fenouillet, fut capitoul en 1527 ; Jean et François, ses fils, dénombrèrent leurs fiefs nobles en 1544. Elle a donné deux chevaliers à l'ordre de Malte en 1741 et en 1750, et un conseiller au parlement de Toulouse, de 1749 à 1753. Bernard de Bon, seigneur de Savignac, de Goudex et autres lieux, ancien officier au régiment de Toulouse, ayant fait ses preuves depuis 1572, devant messire Bertrand de Boucheporn, intendant d'Auch, fut confirmé dans sa noblesse le 21 mai 1789. Il fut convoqué à l'assemblée de la noblesse du Comminge, en 1789.

SEIGNEURIES : de Labrepin ou Pinier, de Beaufort, Savignac, Goudex, Montpezat, et co-seigneurs de Fenouillet.

REPRÉSENTANTS ACTUELS : M. Félix de Bon, rue Riguepels, 15 ; MM. Jules et Hippolyte de Bon, rue Saint-Remésy, 9 ; M. F. de Bon, ✳, à Toulouse.

1..

BORRASSOL

ARMES : D'azur, à une fasce vivrée d'argent : écartelé d'or, au lion rampant et lampassé de sable. — *Couronne* : de comte. — *Supports* : deux lions d'or.

HISTORIQUE : On trouve le nom de cette famille écrit, dans les actes anciens, tantôt de Borrassol, tantôt de Bourrassol. Les quatre fils de Guillaume de Bourrassol dénombrèrent les seigneuries féodales d'Auriac, du Faget et de Cabanial, le 15 septembre 1537. Cette famille a donné à la cité de Toulouse trois capitouls, et à l'ordre de Malte deux chevaliers, en 1775 et en 1789 ; elle fut maintenue dans sa noblesse par jugement souverain, rendu par M. de Besons, le 8 janvier 1669, et convoquée à l'assemblée de la noblesse tenue en 1789.

SEIGNEURIES : Auriac, Faget, Cabanial, Peyrens, Néguebedel, etc.

REPRÉSENTANTS ACTUELS : M. de Borrassol et son fils, rue Nazareth, 34, à Toulouse.

BOURDONCLÉ DE SAINT-SALVI

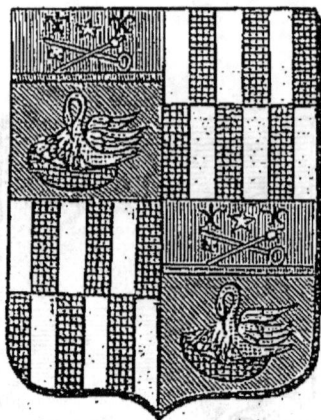

ARMES : De sinople, au pélican dans sa pitié d'or ; au chef cousu de gueules, chargé d'un bourdon de pèlerin d'argent et d'une clef d'or passés en sautoir, surmontés d'une étoile d'argent accostée de deux mouchetures d'hermine du même ; écartelé palé et contre-palé d'argent et de sable de six pièces, qui est de Bourdonclé ancien. — *Couronne* : de comte. — *Supports* : deux lions.

HISTORIQUE . Famille ancienne des diocèses de Castres et de Lavaur, que l'on trouve désignée dans les anciens actes sous le nom de Bordonclé ou de Bourdonclé. Elle a donné des hommes distingués à l'Eglise, à la magistrature et à l'armée. Convoquée à l'assemblée générale de la noblesse, tenue à Castres en 1789.

SEIGNEURIES : Saint-Salvi, Mitivier, Clareux, et co-seigneurs du Vernhet.

REPRÉSENTANTS ACTUELS : M. Isidore de Bourdonclé de Saint-Salvi, ancien capitaine de cavalerie, propriétaire à Lavaur (Tarn) ; M. Ludovic de Bourdonclé de Saint-Salvi fils, propriétaire au château de Vernhet, par Lavaur, et à Toulouse, place Saint-Etienne, 14 ; M. H. de Bourdonclé de Saint-Salvi, propriétaire à Lavaur (Tarn).

BOURG ou DUBOURG

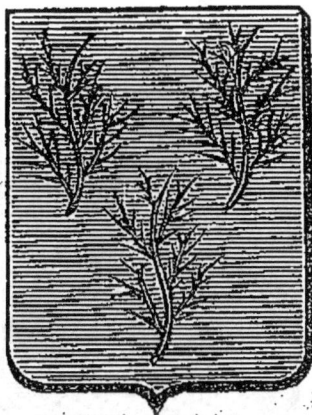

ARMES : D'azur, à trois branches d'épines effeuillées d'argent, posées deux et une.

DEVISE : *Lilium inter spinas.*

HISTORIQUE : La maison Dubourg est ancienne par son origine et illustrée par plusieurs de ses membres, notamment par Antoine Dubourg, chancelier de France sous le roi François Ier, dont les descendants ont fait plusieurs branches, qui ont donné à l'Eglise des évêques, des magistrats aux parlements de Paris, de Toulouse et de Bordeaux, des capitouls à la ville de Toulouse, des chevaliers à l'ordre de Malte, des officiers supérieurs à l'armée, etc.

SEIGNEURIES : du Bourg, Gaujac, Lavaux, Bozas, (érigée en *marquisat*, en faveur d'Emmanuel du Bourg, en 1993), Fonbeauzard, Saillans, Lapeyrouse, Rochemonteix, etc.

REPRÉSENTANTS ACTUELS : M. Christophe Dubourg, place Saint-Etienne, 6 ; M. Philippe Dubourg, place Sainte - Scarbes , 42 ; Gabriel Dubourg , rue Vélane, 13 ; M. Antoine Dubourg, rue du Vieux-Raisin, 31, à Toulouse.

BOUTTES

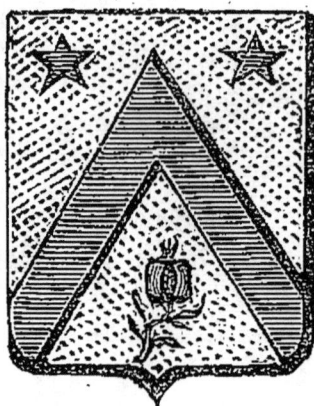

ARMES : D'or, au chevron d'azur, accompagné en chef de deux étoiles du même, en pointe d'une grenade de gueules fruitée d'or, tigée et feuillée de sinople. — *Couronne* : de comte. — *Supports* : deux levriers d'argent colletés d'azur.

HISTORIQUE : Jean-Pierre de Bouttes, avocat, fut élu capitoul de Toulouse en 1727. Vers la fin du siècle dernier, deux de ses descendants servirent dans les gardes du roi. Mathieu de Bouttes fut député par la ville de Castres aux Etats de l'Assiette, réunis à Toulouse en 1786, et il fut convoqué à l'assemblée générale de la noblesse, tenue à Toulouse en 1789.

REPRÉSENTANTS ACTUELS : MM. Alfred et Félix de Bouttes frères, rue Vinaigre, 7, à Toulouse.

BRETTES DE THURIN

ARMES : D'azur, au lion rampant, couronné lampassé d'or : au chef cousu de gueules chargé de trois étoiles d'or, qui est *de Brettes* ; écartelé d'or, à trois aigles éployées de sable, posées deux et un, qui est *de Thurin*.

HISTORIQUE : Cette ancienne famille, originaire du comté de Narbonne, fut maintenue dans sa noblesse par M. de Besons, le 15 janvier 1671 ; elle a donné plusieurs chevaliers à l'ordre de Malte. Joseph de Brettes de Thurin, baron de Puydaniel, assista à l'assemblée de la noblesse, tenue à Toulouse en 1789 ; et le chevalier Louis de Brettes de Thurin fut convoqué à celle tenue à Castelnaudary à la même époque.

SEIGNEURIES : de Cruzy, Pecherie, Marmorières, Thurin, Gabelas, la Liguière, Malviés, Villespassans, Puydaniel, etc.

REPRÉSENTANT ACTUEL : M. Auguste de Brettes de Thurin, propriétaire à Puydaniel (Haute-Garonne), et à Toulouse, place Sainte-Scarbes, 39.

BREUIL *ou* DUBREUIL DE THEON

ARMES : D'argent, à la bande d'azur, accompagnée de deux étoiles de gueules, une en chef et une en pointe.

HISTORIQUE : La maison du Breuil, dont il est question ici, n'a rien de commun avec les familles nobles de Dubreuil, de Languedoc ; celle-ci est originaire de la Saintonge, où les du Breuil, seigneurs de Théon et de Châteaubardon en Saintonge, établirent leurs preuves écrites de noblesse depuis 1523, furent maintenus par jugement souverain, rendu à la Rochelle, le 18 juillet 1698. Une branche de cette famille, celle dite *de Théon*, s'est fixée à Toulouse depuis 1820.

SEIGNEURIES : de Théon et de Châteaubardon, en Saintonge.

REPRÉSENTANTS ACTUELS : MM. du Breuil de Théon père et fils, rue Sesquières, 12, à Toulouse.

BROCA

ARMES : D'or, à l'arbre effeuillé de sable, terrassé de sinople ; au chef d'azur, chargé de trois étoiles d'or.

HISTORIQUE : La famille de Broca, originaire du Quercy, a donné deux conseillers à la cour des aydes et finances de Montauban, depuis 1638. Louis-Charles de Broca assista à l'assemblée générale de la noblesse, tenue, en 1789, à Lectoure, et son fils fut présent à celle tenue, à la même époque, à Montauban.

REPRÉSENTANTS ACTUELS : M. Alexandre de Broca, ancien président du tribunal de 1re instance de Montauban, membre du conseil général de Tarn-et-Garonne, conseiller à la cour impériale de Toulouse, ✳, rue Sainte-Anne, 26, à Toulouse, et son fils : M. de Broca, homme de lettres, à Rodez (Aveyron) ; M. de Broca, au château de Laboissière, par Lauzerte (Tarn-et-Garonne).

BRUEIS *ou* BRUEYS

ARMES : D'or, au lion rampant de gueules, à une bande d'azur, chargée de trois étoiles d'or brochant sur le tout. — *Couronne* : de comte. — *Supports* : deux lions.

HISTORIQUE : Pierre Brueys, seigneur de Fontcouverte, obtint des lettres d'anoblissement au mois d'août 1558. Ses descendants furent maintenus dans leur noblesse par jugement souverain, rendu par M. de Besons, intendant de Languedoc, le 20 septembre 1669, confirmés par M. Le Gendre, intendant de Montauban, le 8 mars 1704 ; ils firent aussi leurs preuves de noblesse devant M. d'Hozier, généalogiste du roi. Ils ont été convoqués à l'assemblée de la noblesse, tenue à Toulouse en 1789. Cette famille est éteinte en tombant en quenouille dans celle de Laparre de Saint-Sernin.

SEIGNEURIE : Fontcouverte.

REPRÉSENTANT ACTUEL : M. Laparre de Saint-Sernin, propriétaire, à Dieupentale (Tarn-et-Garonne).

BUFFET del MAS et du CAYLA

ARMES : D'or, à l'arbre de pin de sinople, terrassé de même ; au bœuf ou au taureau passant de sable, la jambe dextre de devant levée, la queue ramenée sur le dos.

HISTORIQUE : La famille de Buffet, originaire du Rouergue, est ancienne. M. de Barrau, dans les *Documents historiques et généalogiques sur les familles et les hommes remarquables du Rouergue*, etc., publiés à Rodez, en 1854, tome II, p. 243, dit en note : « Bertrand reçut hommage, en 1314, pour certains biens relevant de Belcastel, de Guillaume Buffet, *damoiseau*. Ces Buffet, continue le même auteur, avaient une maison à Belcastel, en 1307. Gervais Buffet, sieur del Mas, élection de Milhau, fit le dénombrement de ses fiefs nobles, à Montauban, le 4 avril 1735 ; il le renouvela le 22 février 1768. »

SEIGNEURIES : Le Mas de Roquefort, de Puimirol, du Cayla, la Fraissinède, le Vignal, etc.

REPRÉSENTANTS ACTUELS : M. Henri Buffet del Mas, rue des Couteliers, 33, à Toulouse ; M. Odon Buffet del Mas, administrateur des douanes à Paris : M. Buffet del Mas du Cayla, vérificateur des domaines à Blaye (Gironde), et à Roquefort (Aveyron).

BUISSON

ARMES : Coupé, au premier d'argent, au lion issant de sable ; au deuxième d'or, au buisson de sinople terrassé de même. — *Couronne* : de comte. — *Supports* : deux lions rampants d'or.

HISTORIQUE : La famille du Buisson, de Languedoc, est une des plus anciennes et des plus illustres du pays ; elle était apparentée avec la maison souveraine des comtes Toulouse. On trouve son nom écrit de différentes manières dans les vieux documents : Boysson, Bouysson, du Buisson, de Buisson ; elle a donné plusieurs capitouls à la ville de Toulouse, etc. Plusieurs de ses branches furent maintenues dans leur noblesse par M. de Besons, en 1668.

SEIGNEURIES : Mirabel, Beauteville (*baronnie*), Montmaur, Saint-Michel, Lagarde, Varagne, Calbavel, La Bastide (*baronnie*), Vaurelhes, Ayrous, Aussonne (*marquisat*), Bournazel (*marquisat*), Petit-Paradis, Lespinasse, Beauvoir (*baronnie*), Tounis, en paréage avec le roi ; co-seigneurs de Colomiers, etc.

BUISSON DE BEAUVOIR

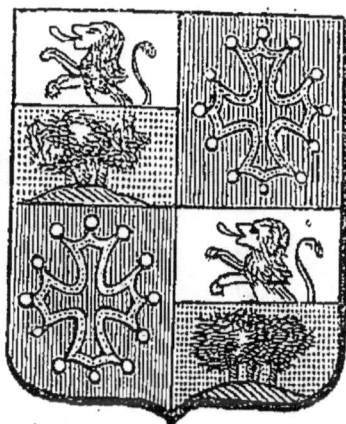

ARMES : Coupé d'argent, au lion issant de sable et d'or, au buisson de sinople terrassé de même, qui est de *du Buisson ;* écartelé de gueules, à la croix de Toulouse, qui est de *de Toulouse.* — *Couronne :* comte. — *Supports :* deux lions rampants d'or.

HISTORIQUE : Comme nous l'avons dit plus haut, cette famille était apparentée avec les comtes de Toulouse. Les du Buisson ont été depuis longtemps seigneurs de l'île de Tounis, sur Garonne, en paréage avec le roi. Denis du Buisson de Beauvoir, seigneur baron de La Bastide, reçut des lettres patentes du roi François Ier portant concession des armes des feux comtes de Toulouse en sa faveur, comme étant leur plus proche parent. Ces lettres furent données à Paris, au mois de février de l'an 1518, et enregistrées au parlement de Toulouse. Voilà pourquoi on voyait sur le tombeau de ce baron, dans l'église des Cordeliers de notre ville, les armoiries de la maison souveraine de Toulouse.

REPRÉSENTANTS ACTUELS : Les de Roquette-Buisson Voir plus loin).

BUISSON D'AUSSONNE

ARMES : Ecartelé : aux premier et quatrième coupé d'argent, au lion issant de sable, en pointe d'or, au buisson de sinople terrassé de même ; aux deuxième et troisième d'azur, à trois coquilles d'or posées deux et une.

HISTORIQUE : C'est la même famille que celle des de Buisson de Beauvoir et de Bournazel. Il y a eu dans cette maison plusieurs fiefs titrés : La Bastide de Beauvoir et Beauteville, anciennes *baronnies* ; Aussonne et Bournazel, érigés en *marquisats* en 1676 et en 1624. Bournazel était, avant l'érection de 1624, une *baronnie*. Il existe, dans les archives du Capitole, un registre spécial des reconnaissances et hommages rendus par les habitants de l'isle de Tounis, à Toulouse, au roi et à messire Jacques de Buisson de Beauvoir, seigneur de Petit-Paradis, de Lespinasse et autres lieux, en 1672. Les de Buisson étaient seigneurs de Tounis en paréage avec le roi.

SEIGNEURIES : Aussonne, Bournazel, etc.

REPRÉSENTANTS ACTUELS : M. Henri du Buisson, marquis d'Aussonne, rue La Serre, 15, à Montauban, et son frère ; M. Jacques du Buisson, prêtre, même adresse, à Montauban.

2

CABARRUS

ARMES : De gueules, au chevron d'or, accompagné en chef de deux étoiles d'argent, et en pointe d'un ancre de marine de même, la tige en haut (enregistrées, en 1706, par d'Hozier).

DEVISE : *Fides Publica.*

HISTORIQUE : M. de Cabarrus était secrétaire du roi, maison et couronne de France, près la chancellerie de Toulouse, à la résidence de Bordeaux encore en 1790, époque de la suppression de cet office. Cette famille aurait été anoblie pour des services maritimes rendus, à diverses époques, à la France.

REPRÉSENTANTS ACTUELS : M.-A. de Cabarrus (Talien), consul à la Corogne (Espagne) ; M. J. de Cabarrus, O. ✻, consul général à Guatémala ; Mme Ville de Teynier, née de Cabarrus, veuve Dalbis de Razengués, rue Saint-Antoine-du-T, 12, à Toulouse.

CALMELS

ARMES : D'argent, à trois chameaux arrêtés d'azur, posés deux et un. — *Couronne :* de comte. — *Supports :* deux lions d'or.

HISTORIQUE : Ancienne famille, originaire d'Auvergne, qui vint se fixer en Languedoc vers le milieu du seizième siècle, où elle fut maintenue dans ses différentes branches par plusieurs jugements rendus par M. Bazin de Besons, intendant de Languedoc, en 1668 et en 1669. Elle a donné des sujets distingués à la magistrature et à l'armée.

SEIGNEURIES : d'Artensac et de Montvalent, en Quercy : de Barbeirac, de Madirac, de Saint-Julien, Montirac, Fonsesquine, Congues, La Bastide, Marguerite, Fortincas, Tastours, La Landrette, Lagrange, Fossat, etc., en Languedoc et en Gascogne.

REPRÉSENTANTS ACTUELS : M. Sulpice de Calmels d'Artensac, au château de Montvalent (Lot) ; M Gustave de Calmels d'Artensac, au château de Thégra (Lot) ; MM. Henry et Ernest de Calmels d'Artensac, rue d'Aubuisson, 6, à Toulouse.

CAMBOLAS

ARMES : De gueules, à un besant d'or posé sur un croissant d'argent ; au chef cousu d'azur, chargé de trois étoiles d'argent. — *Couronne : de marquis.*

HISTORIQUE : Ancienne famille venue du Rouergue, du vicomté de Camboulas, à Toulouse, où elle a toujours tenu un rang distingué parmi la noblesse de France, soit par ses illustrations, soit par ses honorables services, soit par ses alliances avec les premières maisons nobles du pays. On trouve Bérenger de Cambolas dans une donation de dix domaines à l'abbaye de Saint-Victor de Marseille, faite en 1064 ; Rostang de Cambolas succédant à Hugues d'Auriac dans la co-seigneurie de Saint-Rome-sur-Tarn et d'Auriac antérieurement à 1304. Elle a donné plusieurs conseillers et présidents au parlement et des chevaliers à l'ordre de Malte.

SEIGNEURIES : Folcarde, Rieumajou, Saint-Jean-de-la-Garde, Saint-Vincent, Fossat, Gragnague, Fougas, Vernhols, etc.

REPRÉSENTANTS ACTUELS : M. Hippolyte de Cambolas, marquis de Palarin, commandeur de l'ordre du Christ du Brésil, au château de Castelnau-d'Estrétefonts ; M. Emmanuel de Cambolas, capitaine de hussards ; M. Alphonse de Cambolas, propriétaire à Saint-Loup, et à Toulouse, rue Fermat, 8.

CANDIE de SAINT-SIMON

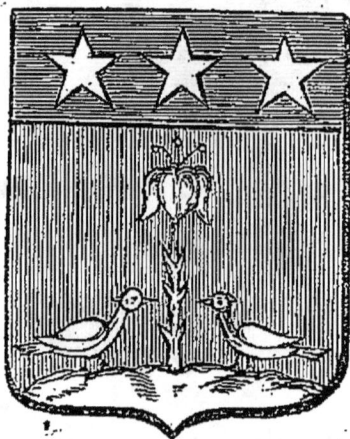

ARMES : De gueules, au lys de jardin fleuri d'argent terrassé du même, accosté de deux colombes d'argent au repos et affrontées ; au chef cousu d'azur, chargé de trois étoiles d'argent. — *Couronne* : de comte. — *Supports* : deux levriers d'argent colletés de gueules, la tête contournée.

DEVISE : *Candor et Honor.*

HISTORIQUE : Jean-Baptiste Candie, seigneur de Saint-Simon, conseiller du roi, payeur des gages du parlement de Toulouse, mourut en 1773. Jean-François-Marie, seigneur de Saint-Simon, trésorier général de France à Toulouse, dénombra ses fiefs nobles, devant les capitouls, les 12 août 1778 et 15 janvier 1787 : il assista à l'assemblée de la noblesse, tenue à Toulouse en 1789. Le chevalier de Candie, premier capitaine de remplacement du duc d'Angoulême (dragons), y assista également.

SEIGNEURIE : Saint-Simon, près de Toulouse.

REPRÉSENTANT ACTUEL : M. Alfred Candie de Saint-Simon, propriétaire, rue Tolosane, 6, à Toulouse.

CANTALAUSE

ARMES : Parti : au premier d'argent, à une alouette de naturel, posée et chantant sur une terrasse de sinople ; au chef d'azur, chargé de trois étoiles d'argent ; au deuxième d'or, écartelé, dans chaque quartier un croissant de gueules.

HISTORIQUE : Noblesse venue du capitoulat de Jean Cantalause, seigneur de Lagarde, qui fut élu capitoul en 1739. Michel, fils de messire Jacques de Cantalause, conseiller au parlement de Toulouse de 1740 à 1776, acheta à messire François de Ver la terre de Roquefoulet, au diocèse de Toulouse : M. de Cantalause assista à l'assemblée de la noblesse tenue en 1789, en prenant la qualité de *baron* de Gauré. Le chevalier de Cantalause, officier dans le régiment de Condé (dragons), retiré à Toulouse, y assista aussi.

SEIGNEURIES : Lagarde, en Lauragais ; Roquefoulet, Gauré, au diocèse de Toulouse.

REPRÉSENTANTS ACTUELS : M. Henri de Cantalause, rue Ninau, 14 ; Léon de Cantalause, place Saint-Etienne, 14 ; Alcime de Cantalause, rue du Rempart-Saint-Etienne, 7, à Toulouse.

CAPÈLE *ou* CAPELLE

ARMES : D'azur, à une chapelle d'argent, maçonnée et ouverte de sable, sommée de trois étoiles d'argent, rangées en fasce. — *Couronne* : de comte. — *Supports* : deux lions d'argent, la tête contournée.

HISTORIQUE : Famille ancienne de Toulouse, qui a figuré souvent sur les listes du capitoulat depuis 1227. Elle fut maintenue dans sa noblesse par jugement souverain rendu par M. Bazin de Besons, intendant de Languedoc, le 14 mars 1670, et par M. Laugeois, intendant de Montauban, le 11 novembre 1715. Plusieurs de ses membres furent convoqués et assistèrent aux assemblées de la noblesse du Comminges en 1789.

SEIGNEURIE : Ox, en Comminges.

REPRÉSENTANTS ACTUELS : M. Xavier de Capèle, rue des Arts, 12 ; Edmond de Capèle, rue d'Aussargues, 4 ; Victor de Capèle, place Dupuy, 4 ; Edmond de Capèle, avocat, rue du Canard, 2 ; Julien de Capèle, rue Cujas, 3, à Toulouse.

CARBONEL

ARMES : D'azur, à trois chevrons d'or super-
posés ; au chef cousu de gueules, chargé d'un croissant d'argent, accosté de deux étoiles d'or. — *Couronne* : de comte. — *Supports* : un lion d'or et un
lion d'argent lampassés de gueules, griffant l'écu
et soutenant la couronne.

HISTORIQUE : Ce nom est ancien dans l'histoire de
Toulouse. Un de Carbonel fut consul ou capitoul de
Toulouse en 1199; puis, ce nom est souvent inscrit
dans nos annales. Jean de Carbonel était premier
président des trésoriers généraux de France en la
généralité de Toulouse, en 1753. Le chevalier de
Carbonel, capitaine commandant dans le régiment de Vintimille, retiré à Toulouse, assista à
l'assemblée de la noblesse tenue en 1789.

REPRÉSENTANTS ACTUELS : M. François de Carbonel, trésorier général, ✳, rue des Chapeliers, 16 ;
M. Léopold de Carbonel, ex-chef de bataillon, ✳,
place Saintes-Garbes, 37, à Toulouse.

CASALET *ou* CAZALET

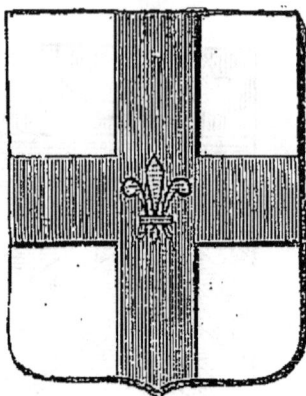

ARMES : D'argent, à la croix de gueules, chargée
en cœur d'une fleur de lys d'or. — Une branche a
porté quatre fleurs de lys, une dans chaque canton.
— *Couronne* : de comte. — *Supports* : deux lions
d'or, celui de dextre la tête contournée.

HISTORIQUE : C'est une ancienne famille de Languedoc, qui fut maintenue dans sa noblesse, dans
les diocèses de Mirepoix, de Narbonne et de Carcassonne, en 1669 : les preuves furent faites depuis
1517, quoique possédant la noblesse bien antérieurement à cette époque. Une branche s'est réfu-
giée en Angleterre, vers 1685, après la révocation
de l'édit de Nantes.

SEIGNEURIES : Traisies, au diocèse de Mirepoix ;
de Villeneuve, au diocèse d'Albi ; Tressières, Tou-
reilles, la Caunette, en Languedoc.

REPRÉSENTANTS ACTUELS : En Angleterre.

2.

CASSAND ou CASSAN

ARMES : D'azur, à deux levriers debout et affrontés d'or, surmontés d'un croissant d'argent. (Armorial général de France 1696).

HISTORIQUE . On trouve une variante en l'orthographe du nom de cette famille dans anciens titres : *Cassand* ou *Cassan*. Jacques de Cassan, écuyer de la grande écurie du roi, fut élu capitoul en 1612. La qualité qu'il a pris en entrant en fonctions prouve suffisamment qu'il appartenait déjà à une famille noble ; il était peut-être fils de Jean de Cassand, conseiller au parlement de Toulouse en 1610. Cette famille fut maintenue dans sa noblesse par jugements souverains rendus par M. de Besons, le 10 janvier 1669 et le 14 mars 1670. Elle a donné plusieurs capitouls à la cité de Toulouse et quelques conseillers à son parlement. Elle a figuré aux assemblées de la noblesse tenues en 1789.

SEIGNEURIES : Jottes, Clairac, Glatens, Verrières et la co-seigneurie du Lherm.

REPRÉSENTANT ACTUEL : M. de Cassand, chevalier de l'ordre de Saint-Grégoire-le-Grand, rue Mage, 32, à Toulouse.

CASTELBAJAC

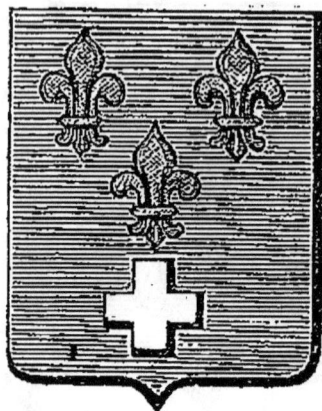

ARMES : D'azur, à trois fleurs de lys d'or, posées deux et une; en pointe, une croix alézée d'argent. — *Couronne* : de marquis. — *Supports* : deux lions.

CRI DE GUERRE : *Bigorre! Bigorre! Castelbajac!*

HISTORIQUE : La maison de Castelbajac, originaire de Bigorre, peut à juste titre figurer au premier rang des plus illustres et des plus connues. Les services innombrables qu'elle a rendus à la France au prix de son sang et de sa fortune, sa fidélité constante à ses rois, militent en faveur de sa noblesse mieux que ne pourraient le faire les preuves les plus rigoureuses. Elle a joui de tous les honneurs dévolus à la noblesse.

SEIGNEURIES : Castelbajac, Montastruc, Orieux, Saint-Luc, Seméac, Goudon, Campistroux, Fayan, Aspin, Cazenove, Bernède, Bouilh, Forgues, Astugé, Rouède, Bernet, Cabanac, Lubret, La Garde, Mingot, Casteljaloux, La Cassagne, Mansan, Barbazan, etc.

REPRÉSENTANTS ACTUELS : Mme veuve de Castelbajac et son fils, rue du Rempart Saint-Etienne, 7, à Toulouse.

CASTÉRAS de MONTESQUIU

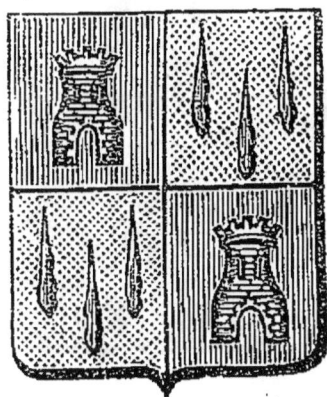

ARMES : Ecartelé : aux premier et dernier de gueules, à la tour crénelée d'argent, maçonnée de sable ; aux deuxième et troisième d'or, à trois massues de gueules, mises en pal, deux et une.

HISTORIQUE : Louis de Castéras, sieur de Gajac : Esprit de Castéras, sieur de Sournia, et François de Castéras, sieur de Combeloubines, au diocèse d'Alet, furent maintenus dans leur noblesse par jugement souverain rendu par M. de Besons, intendant de Languedoc, en 1669. Cette famille a donné deux chevaliers à l'ordre de Malte. Esprit et Scipion de Castéras, seigneurs de Montesquiu, co-seigneurs de Sournia, firent les dénombrements de leurs fiefs nobles, devant les capitouls, le 6 avril 1689 et 15 mai 1690. Cette famille s'est transplantée dans le Roussillon, où M. de Castéras était avocat-général près le conseil souverain de Perpignan. Il assista à l'assemblée de la noblesse tenue, en 1789, à Limoux.

SEIGNEURIES : Montesquiu, Sournia, Gajac, Villemartin, Roquetaille, Artigues, Combeloubines.

REPRÉSENTANTS ACTUELS : MM. de Castéras, à Perpignan (Pyrénées-Orientales).

CASTET

ARMES : De gueules, à un château surmonté de deux tours crénelées d'argent, ouvert du champ : au chef cousu d'azur, chargé d'un croissant d'argent accosté de deux étoiles d'or.

HISTORIQUE : Raymond-Bertrand de Castet, seigneur de Biros, en Couseran, fut maintenu dans sa noblesse par M. Pellot, intendant de Guienne, le 25 juin 1667. Jean de Castet, seigneur de Vareilhes au pays de Foix, et de Cazavet en Couseran, fit remonter ses preuves en 1547, et fut maintenu dans sa noblesse par M. Le Pelletier, intendant de Montauban, le 12 septembre 1699. Agnès de Castet, seigneur de Bousquet, habitant d'Ilhartein, fut confirmé dans sa noblesse, par Raymond Dumas, délégué à Pamiers, le 1er décembre 1667. Une copie de ce jugement fut enregistrée à Castillon, le 12 octobre 1710.

SEIGNEURIES : de Biros, de Vareilhes, de Cazavet, de Bousquet, etc.

REPRÉSENTANTS ACTUELS : M. le docteur de Castet, médecin, à Daumazan (Ariége); M. Casimir de Castet fils ; M. de Castet, à Castex (Ariége) : M. Félix de Castet, propriétaire à Esperce (Haute-Garonne).

CATEL

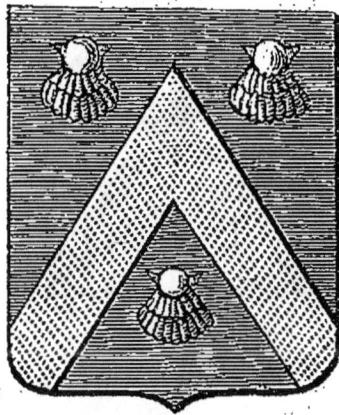

Armes : D'azur, au chevron d'or, accompagné de trois coquilles du même, rayées de sable.

Historique : Jean et Jacques Catel furent capitouls en 1498 et en 1632. Jean, Pierre, Guillaume et Charles de Catel furent conseillers au parlement de Toulouse. Charles de Catel ayant fait ses preuves filiatives depuis 1557, fut maintenu dans sa noblesse par M. Bazin de Besons, intendant de Languedoc, le 2 janvier 1669. Sa veuve, Marie de Filhol, dénombra la seigneurie de Corronsac, au diocèse de Toulouse, devant les capitouls, le 6 avril 1689 ; leur fille, Marie, renouvela ledit dénombrement le 20 avril 1690. Guillaume de Catel est auteur des *Mémoires sur la Province de Languedoc*, de l'*Histoire des comtes de Toulouse*, etc. Cet historien, consciencieux et estimé, est né à Toulouse en 1569 et mort en 1626. Sa famille est éteinte ; mais en plaçant ici son blason, nous avons voulu rendre hommage à sa mémoire.

CHAMPREUX D'ALTENBOURG

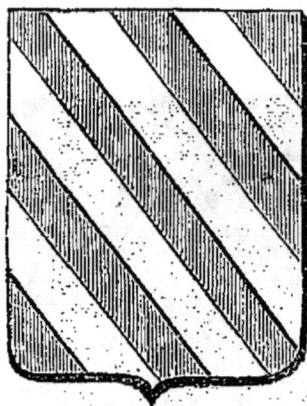

ARMES : De gueules, à quatre cotices d'argent. L'écu, *pelte anglais*, timbré d'un casque de marquis.

HISTORIQUE : La famille noble de de Champreux d'Altenbourg est originaire de la Suisse ; elle a eu pour auteur connu Rodolphe d'Altenbourg, chevalier, dit de Reutenberg, vivant à Brougg en Aergau, au quatorzième siècle, lequel fut le grand-père de Girard d'Altenbourg, chevalier, transplanté dans le pays de Vaud, où il a possédé plusieurs fiefs, entre autres celui qu'il a acquis, en 1390, ayant dans sa dépendance une vieille tour forte dite *de Champreux*, et en latin *Turris Championis als Campi*. Une branche de cette famille passa en France vers le milieu du seizième siècle ; elle se fixa à Nozeroy, à Larivière, à Ornans et à Salins, en Franche-Comté, dans les montagnes du Jura. C'est M. Jean-Claude de Champreux, maréchal-de-camp, chevalier de Saint-Louis, qui établit sa résidence à Toulouse en 1815.

REPRÉSENTANT ACTUEL : M. Rodolphe de Champreux d'Altenbourg, chevalier de l'ordre des SS. Maurice et Lazare, officier de l'ordre équestre de San-Marin, officier de Nicham de Tunis, etc., rue Sainte-Anne, 14, à Toulouse, et à Paris.

CHAVARDÉS

ARMES : D'argent, à un chat sautant de gueules, sur une fasce (allias *var*) d'azur. — *Couronne* : de comte. — *Supports* : deux léopards rampants de naturel.

HISTORIQUE : Guillaume de Chavardés, écuyer, procureur au parlement, fut capitoul en 1785. Son fils, Louis de Chavardés, obtint une attestation de noblesse en 1767, pour être admis aux pages du roi ; il assista à l'assemblée générale de la noblesse tenue à Toulouse en 1789.

REPRÉSENTANTS ACTUELS : M. de Chavardés, greffier à la cour impériale de Toulouse, rue des Arts, 12 ; Mme Xavier de Capèle, née de Chavardés, même adresse, à Toulouse.

CHEVERRY

Armes : Ecartelé : aux premier et dernier de gueules, à trois billettes d'argent posées deux et une; aux deuxième et troisième d'or, à une tête de maure tortillée d'argent. — *Couronne :* de baron. — *Supports :* deux lions d'or.

Historique : Le jugement de maintenue de noblesse, rendu par M. de Besons, intendant de Languedoc, le 7 janvier 1669, fait remonter les preuves à Pierre de Cheverry, baron de Saint-Michel-de-Lanès, au diocèse de Saint-Papoul, trésorier général de France à Toulouse, en 1556. Il entra en qualité de commissaire du roi aux Etats généraux de la Province, tenus à Carcassonne en 1575, et obtint des lettres du roi qui le créaient chevalier de son ordre, le 6 novembre 1557. Cette famille a donné des capitouls à la ville de Toulouse et un chevalier à l'ordre de Malte.

Seigneuries : Saint-Michel-de-Lanès, Laréole, Rivière, Mourgat, Las Bordes, Prunet, etc.

Représentants actuels : MM. Louis, Henri, Roger, Paulin de Cheverry frères et leurs fils, à Toulouse.

CLAUSADE

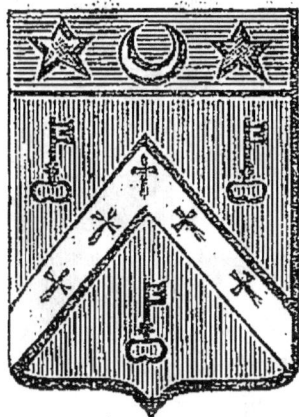

ARMES : De gueules, au chevron d'argent, chargé de cinq moucheturs d'hermine de sable, accompagné de trois clés d'argent, posées en pal, deux en chef et une en pointe, l'anneau en bas ; au chef cousu d'azur, chargé d'un croissant d'argent accosté de deux étoiles d'or.

HISTORIQUE : M. Marie-Thomas-Julien-Désiré Clausade, né à Castelnaudary (Aude), le 18 juillet 1796, a obtenu un jugement de rectification du tribunal civil de Toulouse, le 1er mai 1857, pour lui et ses fils, pour l'addition de la particule DE, et de s'appeler à l'avenir : DE CLAUSADE.

REPRÉSENTANTS ACTUELS : Julien de Clausade, conseiller de préfecture en retraite, membre de la Commission municipale imposée à la ville de Toulouse, ✳, et son fils, rue du Vieux-Raisin, 20 ; M. Alfred de Clausade, attaché au cabinet du préfet, rue Mage, 4, à Tou'ouse.

CLAUSADE

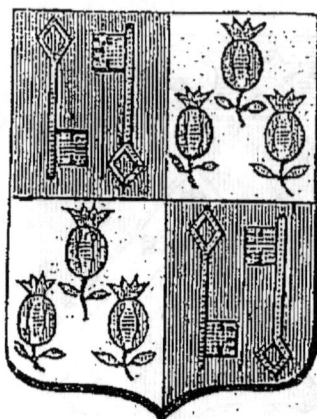

ARMES : De gueules, à deux clés d'or mises en pal, l'une l'anneau en haut, l'autre en bas, qui est de *de Clausade*; écartelé d'argent, à trois grenades de gueules, ouvertes et fruitées d'or, qui est de *de Saint-Amarand*.

HISTORIQUE : Pierre-Amarand de Clausade, garde du corps du roi Louis XVI, seigneur de Saint-Amarand, à cause des fiefs nobles de la Gachée et autres, fut convoqué à l'assemblée de la noblesse, tenue à Toulouse en 1789 ; il servit aussi en qualité de sous-lieutenant dans les gendarmes de la garde du roi, et obtint des lettres de confirmation de noblesse, datées du 19 novembre 1826 : enregistrées par la cour royale de Toulouse, le 13 février 1827. Il était frère de Georges-Antoine-François de Clausade, officier de cavalerie sous Louis XVI, qui obtint également des lettres de confirmation de noblesse, le 9 mars 1826, enregistrées le 24 avril.

REPRÉSENTANT ACTUEL : M. Gustave de Clausade, chevalier de l'ordre de Saint-Grégoire-le-Grand et de l'ordre des SS. Maurice et Lazare, ancien membre du conseil général du Tarn, etc., rue Mage, 13, à Toulouse.

CLERMONT d'AURIAC

ARMES : Écartelé : aux premier et quatrième
d'argent, à trois fasces vivrées de gueules ; aux
deuxième et troisième d'argent, au lion lampassé
et rampant de gueules. — *Couronne* : de marquis.
— *Supports* : deux lions d'or.

HISTORIQUE : Nous croyons que cette famille est
une branche de la maison de Clermont-Lodève.
Nous avons trouvé Louis de Guilhem de Castelnau, comte de Clermont-Lodève, marquis de
Saissac, maître de la garde-robe du roi, ayant
épousé, en 1698, Jeanne-Thérèse-Pélagie d'Albret
de Luynes, qui, étant veuve, vendit à messire de Cas-
tagnier d'Auriac la baronnie de Clermont-Lodève,
cédée, le 20 septembre 1719, au comte de Lordat,
baron de Bram, qui fit transférer le droit d'entrée
aux États de Languedoc sur la terre de Bram.
Une branche s'établit en Gascogne, près de Mi-
rande, où nous trouvons, vers la fin du siècle dernier, noble Charles de Clermont d'Auriac, baron de
Lacaze-Maron, seigneur d'Auriac, Auriaguet et
autres lieux, marié avec demoiselle Céleste-Jac-
quette du Buisson d'Aussonne.

REPRÉSENTANT ACTUEL : M. Anatole de Clermont,
rue Nazareth, 24, à Toulouse, et à Aussonne.

CONSTANS
DE St-SAUVEUR ET DE BONNEVAL

ARMES : D'or, à un mont de sable, sommé d'un arbre de pin de sinople ; au chef d'azur, chargé d'un croissant d'argent accosté de deux étoiles d'or.

HISTORIQUE : Cette famille serait fort ancienne, d'après M. de Barrau, auteur du *Nobiliaire du Rouergue*. Guillaume Constans, conseiller à la cour des aydes de Cahors, pourvu le 27 octobre 1664, reçu le 31 janvier 1662, était encore en fonction en 1699. Jean-Louis Constans, avocat, fut pourvu d'un office de conseiller à la cour des aydes de Montauban par lettres patentes, datées de Paris, le 23 mai 1770. Il était encore en fonction à l'époque de la suppression de cette magistrature, en 1791. Il se nommait, dans les actes publics, *Constans de Saint-Sauveur*, seigneur de Brozes, etc., au diocèse d'Albi. La branche aînée a conservé cette appellation. La cadette se distingue par l'addition du nom du fief de *Bonneval*.

REPRÉSENTANTS ACTUELS : M. Hippolyte Constans de Bonneval, rue des Arts, 18, à Toulouse ; M. Gustave Constans de Saint-Sauveur, à Gaillac (Tarn); MM. Amédée, Edouard et Gaston, frères, à Gaillac.

COUFFIN DU VALÈS

ARMES : De gueules, à la bande d'or chargée de trois étoiles de sable, accompagnée en chef d'un lion d'argent marchant sur la bande; en pointe, de trois besants d'argent mis en bande.

HISTORIQUE : Jean-Antoine Couffin, bourgeois d'Avignonet, en Lauragais, fit acquisition de la terre féodale du Valès, au diocèse de Saint-Papoul, avec toute justice, au chapitre de Saint-Etienne de Toulouse, le 31 décembre 1583. François, fils de Jean Couffin, fut maintenu dans sa noblesse par M. Bazin de Besons, intendant de Languedoc, le 16 janvier 1669, en vertu de la charge de secrétaire du roi près la chancellerie de France, exercée par son père. Ses descendants assistèrent à l'assemblée de la noblesse tenue à Castelnaudary en 1789.

SEIGNEURIES : Du Valès et de Sousplaces, en Lauragais.

REPRÉSENTANT ACTUEL : M. de Couffin du Valès, propriétaire, à Saint-Félix (Haute-Garonne).

COUSIN DE LAVALLIÈRE

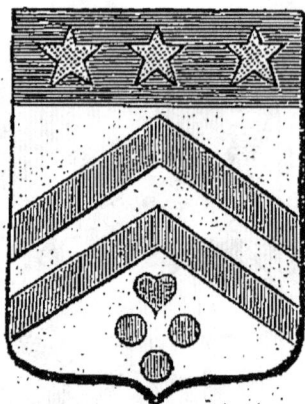

ARMES : D'argent, à deux chevrons de gueules, accompagnés en pointe d'un cœur et de trois tourteaux de même, posés deux et un ; au chef d'azur, chargé de trois étoiles d'or. — *Couronne* : de comte. — *Supports* : deux griffons d'or.

DEVISE : *Fides exercituum.*

HISTORIQUE : Laurens Cousin ou Cousy, procureur au parlement, fut capitoul en 1536. Le chevalier de Cousin signa le mémoire sur le droit qu'avait la noblesse de Languedoc de nommer ses députés aux États généraux du royaume, en 1788, avec les nobles gentilshommes du diocèse de Lavaur. Clément-Marie-Marc-François-Joseph de Cousin, seigneur de Lavallière, officier des cuirassiers du roi, assista à l'assemblée de la noblesse, tenue à Carcassonne en 1789.

SEIGNEURIE : Lavallière, fief situé près de Saint-Sulpice-de-la-Pointe.

REPRÉSENTANTS ACTUELS : M. Gaston de Cousin de Lavallière, au château de Saint-Eugène, par Lavaur (Tarn) ; M. Paul de Cousin de Lavallière, rue Dorée, à Avignon (Vaucluse) ; M. Gabriel de Cousin de Lavallière, propriétaire à Saint-Sulpice-de-la-Pointe (Tarn), et à Toulouse, au Jardin-Royal, 11.

COUSIN DE MAUVAISIN

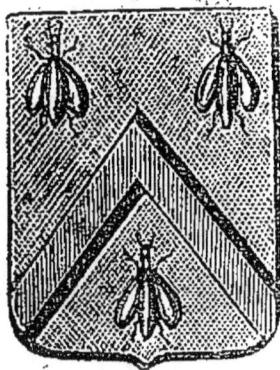

ARMES : D'or, au chevron de gueules, accompagné de trois cousins de naturel, posés deux en chef et un en pointe. — *Couronne* : de comte. — *Supports* : deux lions d'or, lampassés de gueules, la tête contournée.

HISTORIQUE : Cette famille a retenu son nom du fief de Mauvaisin, près de Nailloux. Mme veuve Pierre-Gabriel-Jean-Joseph Cousin, seigneur de Mauvaisin et de Daujas, née Thècle de La Mothe, dénombra ses fiefs nobles devant les trésoriers généraux de France en la généralité de Toulouse, le 13 juin 1785.

SEIGNEURIES : Mauvaisin et Daujas, en Lauragais.

REPRÉSENTANTS ACTUELS : M. Albert Cousin de Mauvaisin, rue Ninau, 8 ; M. Henri Cousin de Mauvaisin, rue Perchepinte, 33 ; M. Edouard Cousin de Mauvaisin, place Montoulieu, 6, à Toulouse.

DADVISARD DE TALAIRAN

ARMES : D'azur, à un soleil rayonnant d'or, adextré en chef, et mûrissant un tournesol à sénestré, tigé, feuillé, fleuri et terrassé d'or. — *Couronne* : de marquis. — *Supports* : deux lions d'or.

HISTORIQUE : La famille Dadvisard a donné plusieurs conseillers et présidents au parlement de Toulouse, un capitoul, deux chevaliers à l'ordre de Malte, en 1732 et en 1782, et quelques officiers supérieurs à l'armée. Elle fut représentée à l'assemblée de la noblesse tenue en 1789. Nous avons remarqué que dans cette maison était la *baronnie* de Grazac (1698), et le *marquisat* de Talairan, érigé en 1750, passé à messire Pons-Thomas-Joseph Dadvisard, conseiller au parlement, en 1756. M. Dadvisard a été confirmé dans son titre de marquis de Talairan, par décret impérial du 29 août 1863.

SEIGNEURIES : Viselles, Cumiés, Grazac, Saubens, Albas, Talairan, etc.

REPRÉSENTANTS ACTUELS : M. Dadvisard, marquis de Talairan ; M. Amable Dadvisard de Talairan, rue Nazareth, 24, à Toulouse ; M. Henri Dadvisard de Saubens, rue Mage, 24, à Toulouse.

2..

DALBIS de GISSAC

ARMES : D'azur, à un cygne d'argent passant en pointe ; en chef, un croissant accosté de deux étoiles du même. — *Couronne* : de comte.

DEVISE : *Albus in albis.*

HISTORIQUE : La branche de la maison Dalbis, dite des seigneurs de Gissac, en Rouergue, fut maintenue dans sa noblesse par M. de Besons, intendant de Languedoc, le 20 décembre 1668, et par M. Le Gendre, intendant de Montauban, le 11 septembre 1700. Cette famille a donné plusieurs conseillers au parlement de Toulouse et quelques officiers supérieurs à l'armée. Elle fut représentée aux assemblées générales de la noblesse tenues, en 1789, à Toulouse, à Castres et à Lectoure.

SEIGNEURIES : de Boussac, de Gissac, co-seigneurs de Saint-Affrique, en Rouergue ; de Razengues et de Belbèze, en Gascogne.

REPRÉSENTANTS ACTUELS : M. Dalbis de Gissac, au château de Gissac, par Bamarès (Aveyron) ; Mme veuve Dalbis de Gissac, place Saint-Étienne, 2, à Toulouse ; Mme Ernest de Raymond, née Dalbis, à Toulouse.

DALBIS de RAZENGUES

Armes : D'azur, à un semé d'étoiles d'argent treillissé du même. — *Couronne* : de baron. — *Supports* : deux levriers d'argent accolés de gueules.

Historique : Les Dalbis de Razengues forment, sans doute, une branche de la maison Dalbis de Gissac, qui a donné plusieurs conseillers au parlement de Toulouse, et qui fut maintenue dans sa noblesse, par M. Laugeois, intendant de Montauban, le 14 mars 1715, en la personne de Louis-Antoine et Jean-François Dalbis frères. M. Dalbis de Razengues, écuyer, chevalier de Saint-Louis, capitaine commandant dans le régiment de Beaujolais, était retiré, en 1790, à Toulouse, où il était lieutenant des maréchaux de France. Son fils servait alors en qualité de sous-lieutenant dans le régiment de Chartres (dragons).

Seigneurie : Razengues, en Gascogne.

Représentants actuels : M. Henry Dalbis de Razengues, propriétaire, rue du Vieux-Raisin, 30, à Toulouse ; M. Valère Dalbis de Razengues, en Cochinchine.

DALMAS

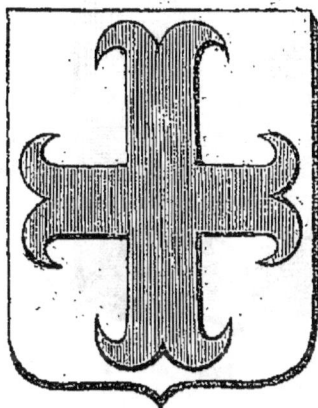

ARMES : D'argent, à la croix ancrée de gueules :
l'écu timbré d'un casque taré de profil, sommé
d'une couronne murale de sinople.

DEVISE : *A chacun sa croix !...*

HISTORIQUE : Guillaume Dalmas, officier du comte
de la Marche et de Castres, habitant de Rodez, en
Rouergue, fut anobli, avec sa femme et toute sa
postérité, en juin 1443, pour être monté le premier
sur les murailles de Pontoise, lors du siége de cette
place. François Dalmas dénombra ses fiefs nobles,
devant les trésoriers généraux de France à Montauban, le 14 janvier 1694. Raymond-Auguste Dalmas fit ses preuves de noblesse, pour être admis à
l'école royale militaire, par-devant M. le président
d'Hozier de Sérigny, juge d'armes de la noblesse de
France, le 4 mars 1820.

REPRÉSENTANTS ACTUELS : MM. de Dalmas, à Paris
et à Nailloux (Haute-Garonne).

DARAM ou D'ARAM

ARMES : D'azur, à une ancre d'argent posée en pal, à deux mains de carnation, dites *union*, brochant sur la tige de l'ancre, brassadées et habillées d'argent, mouvantes des flancs de l'écu, qui est de *Daram*; écartelé d'argent, au lion rampant de gueules, portant sur la patte dextre un monde d'azur, cerclé, cintré et croiselté d'or ; au chef d'azur, chargé d'un croissant d'argent, accosté de deux étoiles d'or, qui est de *Ramondy*.

HISTORIQUE : Cette famille a été anoblie par le capitoulat de Bernard Daràm, en 1673 et en 1681. Samson Daram fut aussi capitoul en 1706, et dénombra ses fiefs nobles, notamment Castillon, en 1689 et en 1690. Deux membres de cette famille assistèrent à l'assemblée générale de la noblesse tenue à Toulouse en 1789.

REPRÉSENTANTS ACTUELS : M. Daram, commandant en retraite, O. ✻, place du Capitole, 13, à Toulouse : M. Henri Daram, ancien adjoint au maire de Toulouse, ✻, rue Boulbonne, 19 ; M. Jules Daram, officier au 92e de ligne : M. Guillaume Daram, à la gare de Béziers (Hérault).

DELPÉRÉ DE SAINT-PAUL

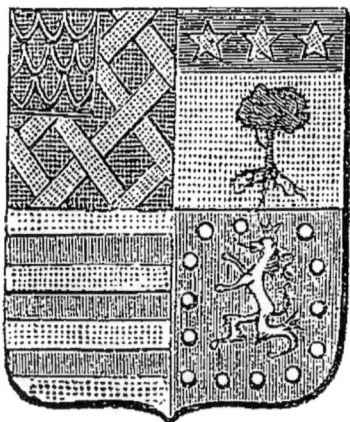

ARMES : Ecartelé : au premier de sable, fretté
d'or de huit pièces ; au franc-quartier papelonné
d'argent, qui est *de Sainte-Livrade* ; au deuxième
d'or, au poirier arraché de sinople ; au chef d'azur,
chargé de trois étoiles d'or, qui est *de Delpéré* ; au
troisième d'or, à trois fasces de gueules, qui est
de Saint-Paul ; au quatrième de gueules, au lion
d'argent, armé et couronné d'or, à douze besants
d'argent mis en orle, qui est *de Cardaillac* — L'ancien blason des Del Péré était : d'argent, au poirier arraché de sinople ; au chef d'azur, chargé de
trois étoiles d'or.

HISTORIQUE : Famille du Quercy, qui a donné
plusieurs trésoriers généraux de France à la généralité de Montauban, etc.

SEIGNEURIES : Martinesque, Sainte-Livrade, Cardailhac, Saint-Paul.

REPRÉSENTANTS ACTUELS : M. Hippolyte Delpéré
de Cardailhac de Saint-Paul, au château de Sainte-
Livrade, par Moissac : M. Amédée Delpéré, à Moissac (Tarn-et-Garonne) : M. Albert, sous-inspecteur
des forêts à Carcassonne (Aude) : M. Arthur, sous-
inspecteur des forêts à Prades (Pyrénées-Orientales).

DESAZARS de MONTGAILLARD

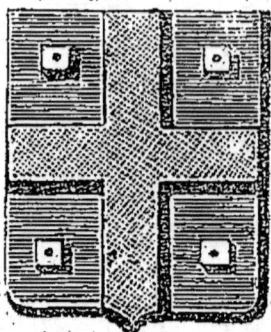

ARMES : D'azur, à la croix d'or, cantonnée de quatre dés d'argent, portant tous les quatre le point 1 de sable. — *Couronne* : de comte. — *Supports* : deux lions rampants d'or.

HISTORIQUE : La famille Desazars est originaire de la Lorraine. L'orthographe du nom de cette famille varie dans les anciens actes, nous le trouvons écrit : Des Hazards, Des Azars, Desazarts, Desasart, etc. Une branche est venue s'établir à Toulouse. Pierre et François Dessazards ou Desezars furent maintenus dans leur noblesse, en vertu du capitoulat, par M. de Besons, le 21 août 1669. Il n'y a de capitouls de ce nom sur aucune liste publiée ; mais on doit remarquer qu'on a oublié quelquefois d'inscrire, dans les registres des Annales, les noms des capitouls en fonction. Jean-François Desazars fut capitoul en 1753. Cette famille fut représentée à l'assemblée de la noblesse tenue à Toulouse en 1789.

SEIGNEURIES : Montgaillard et Saint-Christol.

REPRÉSENTANTS ACTUELS : Voir ci-après.

DESAZARS

ARMES : Coupé en chef, parti : au premier d'azur, à un rocher d'argent; au deuxième de gueules, à la toque de président de sable, cerclée d'or, bordée d'hermine; en pointe d'or, à un vaisseau mâté et gréé de sable, voguant à dextre sur une mer de sinople; sur le tout d'azur, à la croix d'or, accompagnée de quatre dés d'argent portant le point de sable, qui est de *Desazars* ancien.

HISTORIQUE : Guillaume-Joseph-Jean-François Desazars, descendant direct de la famille Desazars de Montgaillard, premier président à la cour impériale de Toulouse, reçut des lettres patentes portant collation du titre de *baron* en sa faveur, avec création de majorat, le 22 octobre 1840, transcrites au sénat le 26 du même mois.

REPRÉSENTANTS ACTUELS : M. le baron Desazars, procureur impérial à Villefranche-de-Lauragais; M. Eugène Desazars, propriétaire à Bagnères-de-Bigorre; M. Desazars fils, propriétaire à Cognac (Gers).

DES ESGAULX ou DESESGAULX

ARMES : De gueules, au lion rampant d'argent.
— *Couronne* : de comte. — *Supports* : deux lions
d'or, lampassés de gueules.

HISTORIQUE : Les capitouls de Toulouse délibé-
rèrent, le 27 février 1709, la décharge de l'impo-
sition de la taille personnelle en faveur de messire
Jean-Jacques Des Esgaulx, *écuyer*, vu ses actes de
noblesse ou de nobilité. Cette famille a donné quelques officiers à l'armée antérieurement à la Révolution ; elle a légué son nom au quartier Des Esgaulx,
situé à l'extrémité du faubourg Saint-Michel de
Toulouse, qu'elle habitait. Nous possédons un certain nombre d'actes portant toujours la qualité de
noble... et établissant de très honorables alliances.

REPRÉSENTANTS ACTUELS : M. Achille Des Esgaulx,
propriétaire, à Verdun-sur-Garonne, et M. Joseph,
son fils.

DES ESGAULX DE NOLET

ARMES : Ecartelé : aux premier et dernier de gueules, au lion rampant d'argent, qui est de *Des Esgaulx* ; aux deuxième et troisième d'azur, à deux palmes d'argent, passées en sautoir, surmontées de deux étoiles du même, qui est de *de Nolet*.

HISTORIQUE : C'est une branche de la famille Des Esgaulx dont nous avons parlé ci-devant ; le premier qui fit l'addition du nom de Nolet est Jean-Joseph Des Esgaulx de Nolet, procureur du roi au parlement de Toulouse, département des eaux et forêts, de 1748 à 1755. Les descendants ont obtenu un jugement de rectification de noms du tribunal, le 31 janvier 1867.

REPRÉSENTANTS ACTUELS : MM. Alexandre et Henry Des Esgaulx de Nolet, frères, rue Saint-Remi, 5, à Bordeaux (Gironde).

DES GUILLOTS DE LABATUT

ARMES : Parti : au premier de gueules, à une demi-fleur de lys d'or ; au deuxième d'azur, à une étoile d'argent.

HISTORIQUE : L'orthographe du nom patronymique de cette ancienne famille a beaucoup varié : Des Guilhots, Des Guiliots, Desguilhots, Desguilots, etc. Jean Desguillots rendit hommage au comte de Caraman, le 29 août 1450, et Hugues, le 12 juin 1456. Elle a été maintenue dans sa noblesse, sur la production d'actes remontant à 1579, par jugement souverain rendu par M. Besons, intendant de Languedoc, le 29 novembre 1669. Louis Des Guilhots de Labatut assista à l'assemblée générale de la noblesse, tenue à Castelnaudary en 1789.

SEIGNEURIES : Le Faget, Saint-Julien, la Mouline, Cuq, Mouzens, Labatut, etc.

REPRÉSENTANT ACTUEL : M. Des Guilhots de Labatut, rue du Vieux-Raisin, 11, à Toulouse.

DOUJAT D'EMPEAUX

ARMES : D'azur, à un griffon couronné d'or. — *Couronne* : de baron. — *Supports* : deux griffons. (Armorial de France de 1696).

HISTORIQUE : Famille originaire du Bourbonnais. Guillaume Doujat, conseiller au parlement en 1559, fut le premier membre de cette famille qui vint se fixer à Toulouse. Jean Doujat, né à Toulouse en 1606, mourut doyen de l'Académie française en 1688. Pierre Doujat, écuyer, docteur en droit, capitoul en 1660, fut maintenu dans sa noblesse par M. de Besons, le 23 septembre 1669. Henri-Joseph Doujat, ancien officier au régiment d'Auvergne, reçut une reconnaissance en qualité de seigneur *baron* des habitants d'Empeaux, Lambés, Peyrinier et autres lieux. Plusieurs membres de cette famille furent convoqués à l'assemblée de la noblesse, en 1789, soit à Toulouse, soit à Muret.

SEIGNEURIES : Empeaux, Lambès, le Peyrinier, etc.

REPRÉSENTANTS ACTUELS : M. Doujat, baron d'Empeaux, rue Boulbonne, 20, à Toulouse ; MM. Henri, Prosper et Ernest Doujat frères, même adresse.

DUBOR *ou* DE DUBOR

ARMES : D'azur, au chevron d'or, surmonté ou accosté de deux levriers affrontés d'argent supportant une étoile du même.

HISTORIQUE : M. Bernard Dubor, de Beaumont-de-Lomagne, docteur médecin, professeur à l'Ecole de médecine de Toulouse, reçut des lettres patentes de noblesse, datées du 14 avril 1848 ; elles furent enregistrées par la cour royale de Toulouse, le 27 août suivant.

REPRÉSENTANTS ACTUELS : M. Marcel de Dubor, propriétaire, rue Mage, 20 ; Mme de Rancogne, née de Dubor, rue Mage, 20 ; M. Bernard de Dubor, propriétaire, et M. Georges de Dubor, son fils, place Louis-Napoléon, 18, à Toulouse ; Mme Liabœuf, née de Dubor, à Saint-Lys (Haute-Garonne).

3

DU COS DE LA HITTE

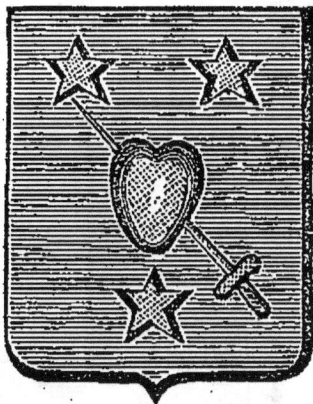

ARMES : D'azur, au cœur d'or, traversé en bande de bas en haut par une épée antique d'argent garnie d'or, accompagné de trois étoiles du même, posées deux en chef et une en pointe. — *Couronne* : de marquis. — *Supports* : un cerf et un lion.

DEVISE : *Fortitudo et celeritas.*

HISTORIQUE : Ancienne et illustre famille de Languedoc, qui a donné plusieurs chevaliers à l'ordre de Malte et des officiers supérieurs à l'armée. Elle a été maintenue et confirmée dans toutes ses qualités et dignités nobiliaires, par M. de Besons, le 20 décembre 1669 ; par MM. Sanson, Le Pelletier et Laugeois, intendants de Montauban ; elle a joui de tous les honneurs et de tous les droits de la noblesse.

SEIGNEURIES : La Hitte, Gaspard, Saint-Martin, Conques, Armoise et Salenave, Jourdain et Saint-Sever, etc.

REPRÉSENTANTS ACTUELS : M. Odet Du Cos, comte de la Hitte, receveur particulier à Béziers (Hérault) : M. le général Du Cos, vicomte de la Hitte, sénateur, G. ✳, à Castel-Rives, par Bessières (Haute-Garonne) : M. Du Cos de la Hitte, propriétaire à Montech (Tarn-et-Garonne).

DUCOS DE SAINT-BARTHÉLEMY DE GÉLAS.

ARMES : D'azur, à une épée jetée en bande la pointe haute, accompagnée de trois étoiles, deux en chef et une en pointe ; le tout d'argent, qui est de *Ducos de Saint-Barthélemy* ; écartelé d'azur, au lion rampant et couronné d'or, qui est de *de Gélas*.

HISTORIQUE : M. Ducos de Saint-Barthélemy assista à l'assemblée de la noblesse, tenue à Condom en 1789. M. François-Camille Ducos de Saint-Barthélemy, né le 10 prairial an XIII, et M. Marie-Joseph-Louis-Amanieu son fils, né le 28 octobre 1842, demeurant à Toulouse, ont été autorisés, après décision de la commission du sceau de France, par décret impérial du 13 août 1861, de faire à leur nom patronymique l'addition de celui de *de Gélas*, que portait leur mère et grand'mère, et de se nommer à l'avenir *Ducos de Saint-Barthélemy de Gélas*.

REPRÉSENTANT ACTUEL : M. Amanieu Ducos de Saint-Barthélemy de Gélas, rue Fermat, 18, à Toulouse.

DU GABÉ ou DUGABÉ

ARMES : De gueules, à la biche saillante d'argent. — *Couronne* : de baron. — *Supports* : deux cerfs.

HISTORIQUE : Ancienne famille du comté de Foix, maintenue dans sa noblesse par M. Bazin de Besons, intendant de Languedoc, le 11 janvier 1667, et par M. Le Pelletier, intendant de Montauban, sur des preuves remontant à 1538, le 13 septembre 1698. Elle a été représentée à l'assemblée de la noblesse, tenue en Comminge en 1789.

SEIGNEURIES : Bourras, Touille, La Bastide-du-Salat, His, Afis et autres places, au comté de Foix ou en Comminges.

REPRÉSENTANTS ACTUELS : M. Armand du Gabé, propriétaire, au Mas-d'Azil (Ariége) ; M. Eugène du Gabé, aspirant de marine, à Haïti ; M. Casimir du Gabé, avocat ; M. Georges du Gabé, avocat, rue Ninau, 19, à Toulouse.

DUILHÉ DE SAINT-PROJET

ARMES : D'argent, à trois branches d'œillet fleuries de gueules, tigées, feuillées et terrassées de sinople ; au chef d'azur, chargé d'un croissant d'argent accosté de deux étoiles d'or.

HISTORIQUE : Cette famille a été anoblie par le capitoulat de Jacques Duilhé, en 1733 ; elle a donné deux trésoriers généraux de France à la généralité de Toulouse, et un chevalier de Saint-Louis.

SEIGNEURIE : Saint-Projet, co-seigneur de la Soulade, paroisse de Montpitol, au diocèse de Toulouse.

REPRÉSENTANTS ACTUELS : M. François Duilhé de Saint-Projet, chanoine honoraire, mainteneur de l'Académie des Jeux-Floraux, aumônier des Dames de l'Espérance, rue de la Dalbade, 16 ; M. Louis Duilhé de Saint-Projet, frère du précédent, prêtre, même adresse à Toulouse ; Mlle Batilde Duilhé de Saint-Projet, même adresse.

ENCAUSSE
DE LABATUT *et* DE GANTIES

ARMES : De gueules, au lion rampant d'or ; écartelé d'azur, à un besant d'argent. — *Couronne* : de baron. — *Supports* : deux lions.

HISTORIQUE : Ancienne famille du pays de Comminges, qui fut maintenue dans sa noblesse en la personne du seigneur de Labatut, d'Embreil, en Comminges, ayant fait des preuves depuis 1524, par M. Le Pelletier, intendant de Montauban, le 23 septembre 1698. Etienne d'Encausse, seigneur de Ganties en Comminges, fut confirmé dans ses qualités nobiliaires par M. le Gendre, intendant de Montauban, le 22 juillet 1700. Dans certains actes, les d'Encausse prennent le titre de *baron*. Cette famille fut représentée à l'assemblée de la noblesse du Comminges, tenue à Muret en 1789.

SEIGNEURIES : Encausse, Save, Rieucazé, Regades, Labarthe, Embreil, Ganties, Labatut, Portet, Bencas, etc.

REPRÉSENTANTS ACTUELS : M. Elie d'Encausse de Labatut, propriétaire à Saint-André, par Saint-Gaudens ; M. Louis d'Encausse de Labatut, ✳, à Paris ; M. d'Encausse de Ganties, propriétaire à Terrebasse (Haute-Garonne).

ESCOUBÉS DE MONTLAUR

ARMES : De gueules, à un monde d'argent cerclé et cintré de gueules, sommé d'une croix d'argent, soutenu par deux lions rampants et affrontés d'argent. — *Couronne* : ducale. — *Supports* : deux sauvages, avec massues basses.

DEVISE : *Virtus auro potior.*

HISTORIQUE : Cette famille est originaire de la Gascogne, où elle possédait, en 1760, le fief noble de Saint-Jean-le-Comtal. La généalogie de cette maison a été publiée par M. de Waroquier, t. III, p. 160. Une branche de cette famille est venue s'établir à Toulouse depuis un demi-siècle environ.

SEIGNEURIES : Montlaur, Saint-Jean-le-Comtal, La Flourette, etc.

REPRÉSENTANTS ACTUELS : M. Julien d'Escoubés de Montlaur ; Mme veuve d'Escoubés de Montlaur, née de Dèzes, rue Nazareth, 20, à Toulouse ; Charles-Fernand d'Escoubés de Montlaur, à la Flourette (Gers).

ESQUERRE *ou* DESQUERRE

ARMES : D'azur, au chevron accompagné en pointe d'un lys de jardin fleuri et tigé ; au chef d'azur cousu d'argent, chargé d'un croissant accosté de deux étoiles. Le tout d'argent.

HISTORIQUE : La famille d'Esquerre a possédé plusieurs fiefs nobles dans le Lauragais ; elle résidait à Baziége. Jean-Baptiste d'Esquerre, seigneur de Las Tours, habitant de Toulouse, dénombra ses fiefs nobles, devant les capitouls, le 4 avril 1689. Messire d'Esquerre, demeurant à Baziége, diocèse de Toulouse, obtint l'amortissement de ses francs-fiefs en 1727. (Archives de Montpellier, de 1727 à 1732, 6e division, no 176.)

SEIGNEURIES : de Las Tours, de Baziége et de Saint-Martin en Lauragais, diocèse de Toulouse.

REPRÉSENTANTS ACTUELS : M. Amédée d'Esquerre, propriétaire, rue du Taur, 65 ; M. Charles d'Esquerre, secrétaire général des hospices de Toulouse, et ses fils, rue du Taur, 65 ; M. Henri d'Esquerre, propriétaire, rue Peyrolières, 43, à Toulouse.

ESTIENNE

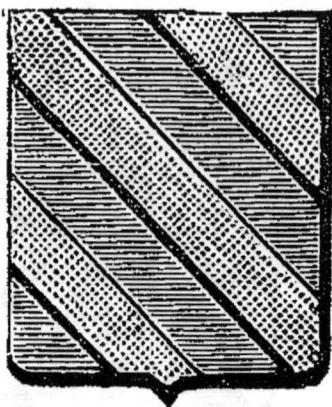

ARMES : D'azur, à trois bandes d'or. — *Couronne* : de comte. — *Supports* : deux lions d'or.

DEVISE : *Courage, honneur et foy.*

HISTORIQUE : Famille ancienne du Toulousain, Guillaume Estienne, dit *Cap de biau*, chatelain de Conques, en 1229, fut tué dans la grosse tour dudit lieu par un traître vendu aux croisés albigeois. Raymond Estienne ou *Stephani*, du bailliage de Montgiscard, et Gaillard Estienne, du bailliage de Caraman, signèrent avec les nobles seigneurs du comté de Toulouse, en 1271, le *Saisimentum comitatus Tolosæ*. Hugues Etienne entra au capitoulat en 1311, et depuis, cette famille a donné plusieurs capitouls à la ville de Toulouse. Gaspard d'Estienne, habitant de Conques en Carcassez, fut maintenu dans sa noblesse par jugement souverain, rendu par M. Bazin de Besons, intendant de Languedoc, le 28 février 1668.

REPRÉSENTANTS ACTUELS : Mme veuve d'Estienne, rue Fermat, 11, à Toulouse ; M. d'Estienne, à Conques (Aude).

EXÉA

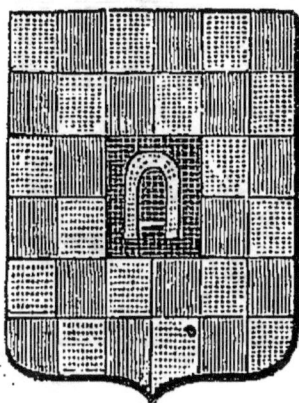

ARMES : Echiqueté d'or et de gueules, à l'écusson de sable, à une barrière de champ clos d'or. — *Couronne* : de comte. — *Supports* : deux chevaux cabrés.

DEVISE : *Exea Britannos clauso certamine vicit.*

HISTORIQUE : La maison d'Exéa (originaire d'Espagne et descendue d'une des plus anciennes maisons d'Aragon) est fixée dans le bas Languedoc depuis quatre cents ans environ. La branche dite de Narbonne a été maintenue dans sa noblesse par jugement souverain, rendu par M. de Besons, intendant de Languedoc, le 18 janvier 1670, et par M. de Lamoignon, le 13 janvier 1713. La généalogie de cette ancienne famille a été publiée par M. Laîné, généalogiste de France, dans son ouvrage intitulé : *Archives généalogiques et historiques de la noblesse de France*, t. IV.

SEIGNEURIES : de Cabréroles, de Pérignan, de Vinassan, de La Louvière, en Languedoc.

REPRÉSENTANTS ACTUELS : M. le général d'Exéa, à Marseille ; M. Léon d'Exéa et ses fils, à Toulouse ; M. Alphonse d'Exéa, rue Perchepinte, 4, à Toulouse.

FERRABOUC

ARMES : Parti : au premier d'argent, au bouc de sable saillant contre un chêne de sinople ; au chef d'azur chargé de trois étoiles d'argent ; au deuxième coupé, en chef d'argent à trois corneilles de sable rangées de fasce ; au chef d'azur, chargé de trois étoiles d'argent ; en pointe d'azur, *alias* de gueules, à deux fasces d'argent ; en chef, trois étoiles du même.

HISTORIQUE : Famille très ancienne de Gascogne, qui résidait, durant le quatorzième siècle, à Vic-Fezensac. Elle a possédé plusieurs fiefs nobles en Armagnac. Les de Ferrabouc, seigneurs de Beauregard, d'Ardenne et de Camarade, en Armagnac, ayant fait remonter leurs preuves écrites à 1445, furent maintenus dans leur noblesse par jugement souverain rendu par M. Le Gendre, intendant de Montauban, le 8 juillet 1700.

SEIGNEURIES : Pouy, Camarade, Beauregard, Ardenne, etc., en Armagnac.

REPRÉSENTANTS ACTUELS : M. de Ferrabouc, général de brigade, C. ✵, rue de la Dalbade, 25 ; Mme Raymond de Villeneuve, née de Ferrabouc, rue de Cugnaux, 26, à Toulouse.

FERRIOL

ARMES : D'azur, au chevron d'or, accompagné en
pointe d'un fer de cheval d'argent, avec ses clous de
sable ; au chef cousu de gueules, chargé d'un croissant d'argent, accosté de deux étoiles d'or. —
Couronne : de comte. — *Supports* : deux chevaux
debout d'argent.

HISTORIQUE : Cette famille figure souvent dans les
anciens registres de la paroisse de Cintegabelle,
ancien diocèse de Mirepoix, en Languedoc, avec la
particule nobiliaire DE, qu'elle a abandonnée depuis
la Révolution de 1789. Elle est actuellement en instance devant le tribunal civil de Muret pour obte-
nir la rectification des actes de l'état civil de sa
maison, afin de reprendre légalement dans les actes
publics la particule DE devant son nom patronymique comme autrefois.

REPRÉSENTANTS ACTUELS : Mme veuve de Ferriol, et
M. Albert de Ferriol, son fils, propriétaires à Cin-
tegabelle (Haute-Garonne), et à Toulouse, rue Saint-
Antoine-du-T, 5.

FINANCE

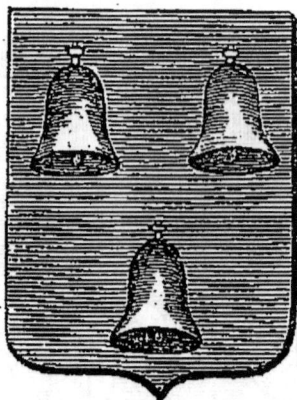

ARMES : D'azur, à trois cloches tympanées d'argent, posées deux et une. — *Couronne* : de marquis. — *Supports* : deux lions rampants d'or.

HISTORIQUE : La famille de Finance est très ancienne; on la trouve établie en Lorraine, en 1418, époque à laquelle Jean de Finance était homme d'armes dans la compagnie de sire de Vaudemont. Elle s'est divisée en plusieurs branches, qui furent maintenues le 27 décembre 1867 et le 4 février 1698, par l'intendant de Moulins en Bourbonnais. Louis de Finance de Valcourt, de la branche de Valcourt, est venu s'établir, par son mariage, vers 1825, à Toulouse, où cette ancienne famille est toujours représentée.

REPRÉSENTANTS ACTUELS : M. Henry de Finance, maire de Drémil-Lafage, au château du Castelet (Haute-Garonne), et sous les cloches, à Toulouse ; Mme veuve de Finance, place Saint-Etienne, 14, à Toulouse.

FOIX-FABAS

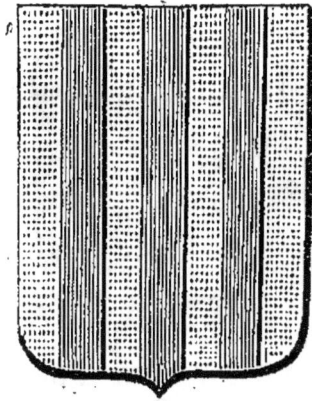

ARMES : Palé d'or et de gueules, ou d'or à trois pals de gueules. — *Couronne* : de comte. — *Supports* : deux lions.

HISTORIQUE : La maison souveraine des comtes de Foix est éteinte; un seul rameau subsiste encore, celui des de Foix-Fabas, dont Nicolas de Foix, seigneur de Lamothe, et Nicolas-Emmanuel de Foix, seigneur de Fabas, du diocèse de Comminges, furent confirmés dans leur noblesse par jugement souverain rendu par M. Bazin de Besons, intendant de Languedoc, le 8 juillet 1699. M. le comte de Foix-Fabas assista à l'assemblée de la noblesse du diocèse de Rieux en Comminges, tenue à Muret, et à celle convoquée à Toulouse en 1789.

SEIGNEURIES : Fabas, Lamothe, etc., etc.

REPRÉSENTANTS ACTUELS : M. Joseph-Léopold, comte de Foix-Fabas, au château de Simorre, par Cazères (Haute-Garonne) ; M. Pierre-Anatole-Henri de Foix-Fabas, ✳, membre du conseil général de l'Ariége, viguier d'Andorre, et M. Charles, son fils, à Cazères.

FORNEROD d'AVANCHE

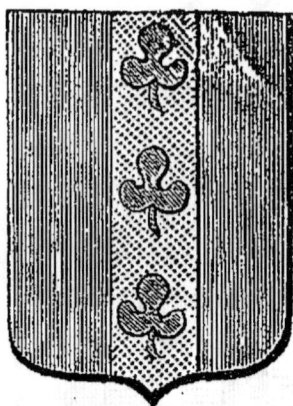

ARMES : De gueules, au pal d'or, chargé de trois
trèfles de sinople. — *Couronne* : de baron. —
Supports : deux levriers d'argent. (*Armorial du
canton de Vaud, Suisse.*)

HISTORIQUE : Noble et ancienne famille patri-
cienne de la république de Venise. Vaillant sou-
tien des armes des ducs de Savoie et d'Amédée VIII,
conquérant de Genève et du Piémont en 1429.
Depuis, établie en Suisse. Elle a donné deux évêques à Lausanne, princes de l'Empire, dont on
voit encore les tombeaux et leurs armoiries sculp-
tées dans la cathédrale ; un président à la Confédération helvétique et des hommes d'état distingués.
Une branche de cette maison vient de tomber en
quenouille dans celle de de Roquette-Buisson, de
Toulouse, par le mariage de Mˡˡᵉ Marguerite, fille
de M. Benjamin Fornerod d'Avanche et de dame
de Mons de Dunes, de Bordeaux, avec M. Georges
de Roquette-Buisson.

REPRÉSENTANTS ACTUELS : M. Constant Fornerod,
président de la confédération helvétique, élu trois
fois, de 1856 à 1868, à Genève ; M. Benjamin Fornerod d'Avanche, à Bordeaux ; Mᵐᵉ Georges de
Roquette-Buisson, née Fornerod d'Avanche, rue
Saint-Remésy, 12, à Toulouse.

FORNIER DE CLAUZELLES

ARMES : D'argent, au chevron de gueules, accompagné en chef de deux croissants, et en pointe d'une quinte-feuille de même ; au chef d'azur, chargé d'un croissant accosté de deux étoiles d'argent. — *Couronne :* de vicomte.

HISTORIQUE : Famille de l'ancien comté de Foix, maintenue dans sa noblesse par M. Bazin de Besons, intendant de Languedoc, le 13 novembre 1669, et qui fut représentée à l'assemblée générale de la noblesse, tenue à Pamiers en 1789. M. Jean-François-Gaspard Fornier de Clauzelles reçut le titre de *vicomte* par ordonnance royale du 15 avril 1829, enregistrée par la cour royale de Toulouse, le 1er juin de la même année.

SEIGNEURIES : Clauzelles, Artigues, Garanon, Savignac, Asconforgeat, Igneaux, Saulies, la Caune, la Crouzille, etc., au pays de Foix.

REPRÉSENTANT ACTUEL : M. le vicomte Fornier de Clauzelles, rue Nazareth, 4, à Toulouse.

FOUCAUD D'AURE

Armes : Ecartelé : aux premier et dernier d'azur, au lion rampant d'or ; au chef d'or, chargé de trois molettes d'éperons de sable, qui est de *de Foucaud* ; aux deuxième et troisième d'argent, à trois pals de gueules, qui est de *d'Aure*. — *Couronne* : de comte.

Historique : Très ancienne et très illustre famille de Languedoc, qui a donné des conseillers et des présidents au parlement de Toulouse, plusieurs capitouls, des sénéchaux au comté de Castres, des officiers distingués à l'armée, plusieurs chevaliers à l'ordre de Malte ; en un mot, elle a joui de toutes les dignités réservées à la noblesse de race. La maison de Foucaud a été maintenue, dans ses différentes branches, par M. de Besons, en 1668, et elle a été convoquée à toutes les assemblées de la noblesse du pays.

Seigneuries : Saint-Martial, Alzon, Montesquiou, Mouzens, la Barthe, Saint-Martin-des-Pierres, Semalié, Vernioles, Aure, Braconac, Saint-Juéry, etc.

Représentants actuels : M. de Faucaud-d'Aure père ; MM. Eugène, Bertrand, Paul, fils et frères, place Saint-Etienne, 14, à Toulouse, au château de Braconac, par Lautrec (Tarn), et à Paris.

FRANCE DE MANDOULS

Armes : Ecartelé : aux premier et quatrième d'azur, à une tour d'or, maçonnée de sable, sommée d'un fer de lance d'argent ; aux deuxième et troisième de gueules, au lion rampant d'argent. (*Armorial de* 1696, reg. 1er, art. 349.)

Historique : On trouve cette famille, fixée antérieurement à la Révolution, à Montauban et à Castres. Jacques de France était receveur général des domaines et bois de Montauban et des domaines de Rodez, en 1723. Henri-Pons de France faisait partie de la cour des aydes de la même ville, en qualité de conseiller du roi, en 1758.

Seigneurie : Mondouls, commune de Carbes, canton de Vielmur, ancien diocèse de Castres.

Représentants actuels : M. Auguste de France de Mandouls père, ✱, propriétaire, place d'Armes, à Montauban ; M. Henri, ✱, propriétaire, à Castres ; M. de France, à Carbes (Tarn) ; M. Henri de France de Mandouls fils, allées Louis-Napoléon, 23, à Toulouse, et à Montauban.

FROMENT

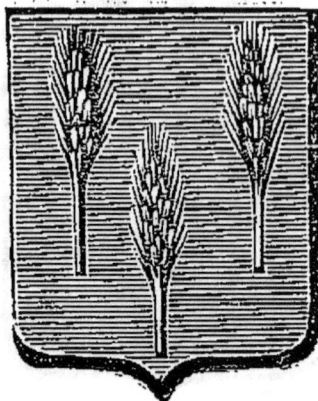

ARMES : D'azur, à trois épis de froment d'or, posés en pal, deux en chef et un en pointe. — *Couronne* : de comte. — *Supports* : deux levriers d'argent.

HISTORIQUE : Nous trouvons sur les listes des capitouls de 1423 et de 1466, Jacques de Froment. Nous ignorons si les de Froment, qui ont résidé dans la suite à Castelsarrasin en Quercy, appartiennent à l'ancienne famille de Froment de Castille du bas Languedoc. Joseph de Froment, capitaine au régiment de Poitou, fit le dénombrement de ses fiefs nobles, devant les capitouls, le 21 juin 1754. M. Isidore de Froment, avocat, à Toulouse, a obtenu un jugement de rectification de nom, rendu par le tribunal de première instance de Muret (Haute-Garonne), le 30 août 1861.

REPRÉSENTANT ACTUEL : M. de Froment (Isidore), avocat, propriétaire, place Saint-Michel, 9, à Toulouse.

GALABERT d'HAUMONT

ARMES : D'argent, au chevron de sable, accompagné en pointe d'un coq de sable, becqué, crêté, barbé et membré de gueules ; au chef d'azur, chargé de trois étoiles d'argent.

HISTORIQUE : Jean Galabert, seigneur d'Haumont, de la Peyre et autres lieux, fut pourvu d'une charge de secrétaire du roi, maison et couronne de France près la chancellerie de Montauban, le 13 avril 1685 ; il fut confirmé dans sa noblesse, en vertu de son office, par M. Le Gendre, intendant de Montauban, le 30 avril 1704. Jean-Samuel fut conseiller à la cour des aydes de Montauban de 1733 à 1747, puis conseiller honoraire. Cette famille a été représentée aux assemblées générales de la noblesse, tenues à Cahors en 1789.

SEIGNEURIES : Haumont, la Peyre, etc., en Quercy.

REPRÉSENTANT ACTUEL : M. de Galabert d'Haumont, rue Vélane, 12, à Toulouse.

GARRISSON

ARMES : D'or, au chêne de sinople, fruité d'argent.

HISTORIQUE : Abel de Garrisson, seigneur de la cour, en Quercy, fut anobli, par les lettres royales données par le roi, au mois de mai 1701, enregistrées au parlement de Toulouse, le 7 septembre suivant, et à la cour des aydes de Montauban, le 17 février 1702. Cette famille fut maintenue dans sa noblesse par jugement souverain rendu par M. Laugeois, intendant de Montauban, le 26 juin 1715. Pierre Garrisson de la Cairouze était secrétaire du roi près la chancellerie de Montauban, en 1691 ; Jonathan de Garrisson fut nommé secrétaire du roi près ladite chancellerie, le 27 août 1709.

SEIGNEURIES : La Cour-Saint-Pierre, Estillac, Castelsagrat, la Cairouze, en Quercy.

REPRÉSENTANTS ACTUELS : MM. Adrien et Baptiste Garrisson d'Estillac, à Montauban ; MM. Victor, Emile, Adrien, Gustave, Henri, Ernest, Maurice Garrisson, à Montauban.

GARY

ARMES : Ecartelé : aux premier et quatrième de gueules, au levrier courant d'argent, surmonté d'une tour du même ; au chef cousu d'azur, chargé de trois besants d'argent ; aux deuxième et troisième d'argent, à trois canettes de sable posées deux et une. — *Couronne* : de baron.

HISTORIQUE : Cette famille, originaire du Quercy, a donné des magistrats à la sénéchaussée de Cahors, un lieutenant principal du roi à l'élection de Figeac, un receveur des finances au bureau de Montauban, un capitoul à la ville de Toulouse. M. Alexandre-Gaspard de Gary, préfet de la Gironde, chevalier de l'Empire, né à Toulouse, le 24 juin 1763, reçut le titre de *baron* de l'Empire, par décret impérial du 31 décembre 1809.

REPRÉSENTANTS ACTUELS : M. Gaspard, baron de Gary, et MM. Georges et Fernand, ses fils ; M. Alexandre, baron de Gary, et MM. Armand et Odon ses fils ; M. Adrien de Gary et M. Raymond, son fils, rue Ninau, 14, à Toulouse.

GAULÉJAC

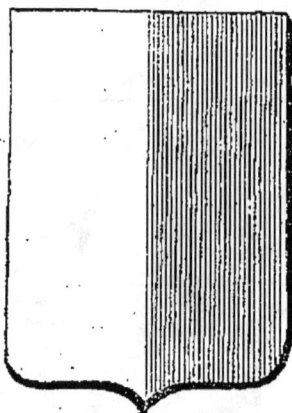

ARMES : Parti d'argent et de gueules. — *Couronne* : de vicomte. — *Supports* : deux lions d'or.

HISTORIQUE : La maison de Gauléjac est une des plus anciennes du midi de la France. Jean-Marc de Gauléjac obtint du roi Louis XIII l'érection des terres de Pechcalvel, de Nogairols, de Saint-Sauveur et de Maillargues en Quercy, en *vicomté*, sous la dénomination de vicomté de Pechcalvel, par lettres patentes du mois de mars 1617, enregistrées par le parlement de Toulouse, le 14 décembre 1618. Cette famille fut maintenue dans sa noblesse par M. de Besons, le 26 mars 1669, par M. Sanson, intendant de Montauban, le 8 février et 5 août 1698, et par M. Le Pelletier, intendant de Montauban, le 16 mai 1699. Elle a donné plusieurs chevaliers à l'ordre de Malte, et elle fut représentée aux assemblées de la noblesse, tenues, en 1789, à Montauban et à Muret en Comminges.

SEIGNEURIES : Le vicomté de Pechcalvel, Gauléjac, Ferrals, Espanel, Touffailles, Palansac, Piac, Toul, Bonnefons, Mirambel, en Quercy et en Comminges.

REPRÉSENTANTS ACTUELS : MM. de Gauléjac, à Toulouse, à Thil, à Salerm (Haute-Garonne), à Agen et à Montauban.

GÉLIS

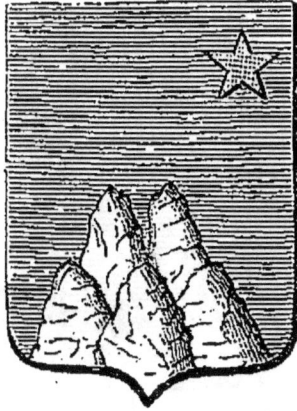

ARMES : D'azur, à un mont d'argent de cinq coupeaux, surmonté d'une étoile d'or au canton sénestre.

HISTORIQUE : Etienne Gélis reçut des lettres royales de provisions de l'office de trésorier général de France en la généralité de Montauban, données à Paris, le 1er juillet 1723 ; enregistrées au bureau des finances de Montauban, le 10 janvier 1724. Son fils, François-Henri-Marie de Gélis, lui succéda le 21 avril 1762. L'exercice de cette fonction est le principe de la noblesse de la famille de Gélis, originaire de l'Albigeois. Jacques de Gélis, bourgeois de l'Isle en Albigeois, rendit hommage au roi, le 10 juin 1722. De Gélis de Peyrolle assista à l'assemblée de la noblesse, tenue à Castres en 1789.

REPRÉSENTANTS ACTUELS : M. Melchior de Gélis, membre du conseil général du Tarn, à l'Isle-d'Albi, et au Jardin-Royal, 4, à Toulouse : M. Adrien de Gélis, à Paris et à l'Isle-d'Albi; MM. Amable et François de Gélis, même adresse : M. Joseph de Gélis, propriétaire, à Portet, et à Toulouse, allées Saint-Michel, 29.

GÉRUS DE LABORIE

ARMES : D'azur, à trois cigognes d'argent au repos, posées deux et une ; au chef cousu de gueules, chargé de deux lions rampants et affrontés d'or. — *Couronne* : de comte. — *Supports* : deux lions d'or.

HISTORIQUE : Le roi Henri III, désirant bien et favorablement traiter Jean de Gérus, homme d'armes de la compagnie du seigneur de La Valette, et ayant égard à ses bons et recommandables services, lui donna la capitainerie de Salies, au comté de Comminges, vacante par la résignation de François de Giffre, seigneur de Rachat. Les lettres patentes furent données à Paris, le 8 février 1585, et enregistrées au bureau des finances de Toulouse, le 23 juin 1583. Depuis cette époque, cette famille s'était fixée dans le pays de Comminges, plus particulièrement à Couret. M. Charles de Gérus de Laborie a obtenu un jugement de rectification de noms.

REPRÉSENTANTS ACTUELS : M. Charles de Gérus de Laborie, chef d'escadron de gendarmerie, O. ✳, à Châteauroux (Indre) ; M. de Gérus, et MM. Louis et Gustave, ses fils, à Saint-Gaudens (Haute-Garonne).

3.

GILÈDE

ARMES : D'argent, au chevron d'azur, accompagné en chef de deux lions grimpants et affrontés de
sable ; et en pointe, d'un feu flambant de gueules ;
au chef d'azur, chargé d'un croissant d'argent
accos'é de deux étoiles d'or. — *Couronne :* de marquis. — *Supports :* deux levriers d'argent.

HISTORIQUE : Pierre de Gilède, avocat en parlement, fut capitoul en 1671, 1678, 1679 et en
1680, et acquit par ce fait la noblesse. La famille
de Gilède a donné un conseiller au parlement de
Toulouse, un lieutenant principal en la sénéchaussée et siége présidial de Toulouse, un député aux
États généraux de la province de Languedoc, en
1783, par la communauté de Saint-Julia, et plusieurs officiers à l'armée, un chevalier de Saint-
Louis. Elle fut représentée à l'assemblée de la noblesse, tenue à Toulouse en 1789.

SEIGNEURIES : Estang, Fragilis, Ayguesvives, Pressac (en 1755).

REPRÉSENTANTS ACTUELS : M. Aristide de Gilède,
rue de Done-Coraille, 5 ; M. Gustave de Gilède de
Pressac, rue Mage, 11 ; M. de Gilède de Pressac et
son fils, allées Louis-Napoléon, 50, et à Castelmaurou (Hante-Garonne) ; M. Frédéric de Gilède de
Pressac, propriétaire, à Auterive (Haute-Garonne).

GOUDIN

ARMES : D'argent, à un oiseau de sable foudant sur trois piles de tourteaux de sable, posées une et deux, chaque pile de six tourteaux mise un, deux et trois.

HISTORIQUE : Jean de Goudin reçut des lettres royales de provisions de président en l'élection de Lomagne, le 25 août 1622. Plusieurs générations de cette famille se sont succédé dans cet office. Joseph-Marie de Goudin, écuyer, fut convoqué à l'assemblée de la noblesse du pays de Rivière-Verdun, en 1789, à cause du fief noble de Tourguil, situé dans la juridiction de Galembrun, annexe de la baronie de Launac ; il donna procuration à son fils, noble Antoine-Joseph-Marie de Goudin, avocat au parlement, de l'y représenter, par acte retenu par Me Faumont, notaire à Launac, le 14 avril 1789. Cette famille a donné deux trésoriers généraux de France en la généralité de Montauban.

REPRÉSENTANT ACTUEL : M. Gaston de Goudin, rue de la Dalbade, 16, à Toulouse.

GRIMAL

ARMES : D'argent, au levrier passant de sable; au chef d'azur, chargé d'un croissant d'argent accosté de deux étoiles d'or.

HISTORIQUE : Jean de Grimal, seigneur de la Bessière ; Marc-Antoine de Grimal, seigneur de la Bruyère en Rouergue, ayant fait leurs preuves écrites depuis 1548, furent maintenus dans leur noblesse, par jugement souverain rendu par M. Le Gendre, intendant de Montauban, le 9 juin 1701. Abel Grimal fut nommé conseiller à la cour des aydes de Montauban, le 30 mars 1665. Il existe plusieurs branches de cette famille, originaire de Rouergue, dont chacune d'elles se distingue par un nom de fief ou par des armoiries particulières. M. de Barrau a publié la généalogie des de Grimal, dans le tome IVᵉ, page 66, de ses *Documents historiques sur le Rouergue*. Cette famille a été représentée à l'assemblée de la noblesse du Rouergue, tenue à Rodez en 1789.

REPRÉSENTANTS ACTUELS : M. Alphonse de Grimal père, avocat, et Henri, Paul et Charles de Grimal fils et frères, rue des Fleurs, 13, à Toulouse.

HAUTPOUL

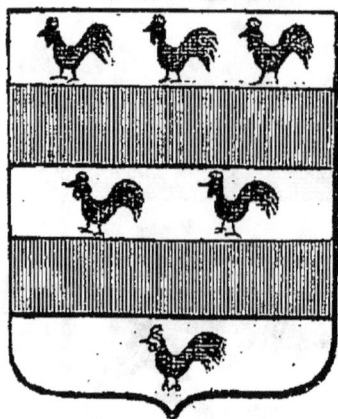

ARMES : D'or, à deux fasces de gueules, à six coqs de sable, posés trois, deux et un. — *Couronne* : de marquis.

HISTORIQUE : La maison d'Hautpoul est une des plus anciennes et des plus illustres du Languedoc. On trouve de ses membres aux croisades, parmi les chevaliers du Temple et de Saint-Jean de Jérusalem ; elle a donné des hommes distingués au clergé, à la magistrature et à l'armée. Différentes branches de cette maison ont été maintenues dans leur noblesse par M. de Besons, intendant de Languedoc, en 1669. Joseph d'Hautpoul, seigneur de la Terrasse, obtint des lettres d'érection de terres en *marquisat*, sous la dénomination de *marquisat d'Hautpoul*, en mai 1734, enregistrées par le parlement de Toulouse, le 19 juillet 1734. Elle a été représentée à l'assemblée de la noblesse, tenue à Toulouse en 1789.

SEIGNEURIES : Le marquisat d'Hautpoul, Cugnaux, Rennes, Aurillon, Saint-Just, Montferran, La Mothe, Auzil, Nestier, Aureville, Salettes, Seyre, etc.

REPRÉSENTANTS ACTUELS : MM. d'Hautpoul, à Toulouse, à Carbonne, à Seyres, etc.

HÉLIE

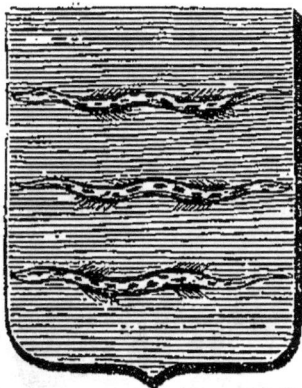

ARMES : D'azur, à trois lamproies d'argent mouchetées de sable, posées en fasce l'une sur l'autre : deux passant, celle du milieu contre-passant.
— *Couronne* : de baron.

HISTORIQUE : Famille très ancienne de Languedoc, dont la maintenue de noblesse faite dans le diocèse d'Alet, par M. Bazin de Bésons, intendant de Languedoc, le 5 septembre 1669, mentionne Pierre Hélie, seigneur de Villaret, qui fit un accord, en 1399, avec les habitants dudit lieu. Elle a été représentée à l'assemblée de la noblesse, tenue en 1789. Dans certains actes anciens, on trouve quelquefois le nom patronymique de cette famille écrit *Elie* pour *Hélie*.

SEIGNEURIES : Villaret, Montgranier, Lespinouse, au bas Languedoc.

REPRÉSENTANTS ACTUELS : M. Gabriel d'Hélie, rue Ninau, 10, à Toulouse, et au château de Rustique, par Trèbes (Aude) ; M. Joseph d'Hélie, rue Ninau, 10, à Toulouse.

HOLIER

ARMES : Parti : au premier d'argent, à l'olivier de sinople terrassé de même; surmonté en chef de trois étoiles de gueules, qui est *d'Holier*; au deuxième d'azur, au cavalier monté d'argent, surmonté de trois étoiles d'or, qui est *de Cavaillé*.

HISTORIQUE : Jean d'Holier, trésorier général de France en la généralité de Toulouse, assista à l'assemblée de la noblesse, tenue, en 1789, à Mirepoix. Etant conseiller de préfecture du département de l'Aude, il obtint des lettres de confirmation de noblesse, données par le roi Louis XVIII, à Paris, le 17 mars 1815, et enregistrées par la cour royale de Montpellier.

REPRÉSENTANT ACTUEL : M. Jean-Jules d'Holier, propriétaire, au château de Dasque, par Villefranche-de-Lauragais, et rue Boulbonne, 19, à Toulouse.

IZARN DE VALADY

ARMES : D'azur, au levrier passant d'argent ; au chef d'argent, chargé de trois étoiles de gueules. — *Couronne* : de comte.

HISTORIQUE : N. d'Izarn de Valady, seigneur de Valady, fut confirmé dans sa noblesse, avec le titre de *comte*, par M. Le Gendre, intendant de Montauban, le 5 mars 1701. Cette branche a produit ses preuves, pour les honneurs de la cour, en 1785. La maison d'Izarn a donné plusieurs chevaliers à l'ordre de Malte et plusieurs officiers à l'armée ; des capitouls ou consuls à la ville de Toulouse sous les comtes, de 1194 à 1225. Elle fut représentée aux assemblées générales de la noblesse, tenues à Toulouse et à Castres en 1789.

SEIGNEURIES : Villefort, Fraissinet, Valady, Galhac, La Guépie, Cestayrols, etc.

REPRÉSENTANTS ACTUELS : M. d'Izarn, comte de Valady, rue du Vieux-Raisin, 27, à Toulouse.

IZARNI DE GARGAS

ARMES : De gueules, à un mont adextré d'argent, à un izard grimpant du même; au chef cousu d'azur, chargé de trois étoiles d'or malordonnées. — *Couronne* : de baron. — *Supports* : deux levriers.

HISTORIQUE : Joseph Izarni, seigneur de Gargas, fut secrétaire du roi, maison et couronne de France, et capitoul en 1606, et Pierre Izarni, son fils, fut aussi capitoul en 1630; il a été maintenu, avec son fils Jean-François, seigneur de Saint-Laurent, par M. de Besons, le 28 juin 1669. Isaac d'Izarni, écuyer, capitaine d'infanterie, fut gentilhomme ordinaire de la maison du roi. Cette famille a été représentée à l'assemblée de la noblesse, tenue à Toulouse en 1789. Quelques-uns de ses membres ont pris, dans certains actes, le titre de baron de Gargas.

SEIGNEURIES : Gargas, Saint-Laurent, etc.

REPRÉSENTANTS ACTUELS : MM. d'Izarni père et fils, rue du Vieux-Raisin, 26, à Toulouse.

JACOBÉ DE NAUROIS

ARMES : D'azur, à un fer de moulin d'argent, accosté et soutenu de deux épis de blé d'or, les tiges passées en sautoir. — *Couronne* : de comte.

HISTORIQUE : Cette ancienne famille, originaire de la Champagne, a été maintenue en diverses fois dans sa noblesse. Jean Jacobé, écuyer, maître d'hôtel ordinaire du roi, et Jérémie son frère, écuyer, lieutenant d'une compagnie au régiment de Fabert, sieurs de Frémont et d'Ablancourt, ayant établi leurs preuves écrites devant la commission instituée à cet effet, furent maintenus, comme issus d'une noble race, par arrêt du conseil d'Etat du roi, tenu à Saint-Germain-en-Laye, le 18 juin 1668. La branche dite *de Naurois* est venue se fixer en Languedoc, vers 1797, dans la descendance de M. Gérard-Marie Jacobé de Naurois, ingénieur des mines, qui épousa D^{lle} Marie-Gabrielle-Rose de Solages.

REPRÉSENTANTS ACTUELS : M. Auguste Jacobé de Naurois et M. Albert, son fils, rue Nazareth, 37 ; M. Hippolyte Jacobé de Naurois, place Saint-Etienne, 9, à Toulouse.

JESSÉ

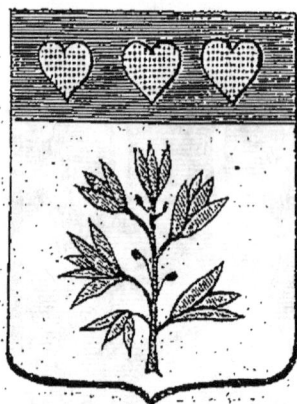

ARMES : D'argent, au rameau de laurier de sinople ; au chef d'azur, chargé de trois cœurs d'or,
mis en fasce.

HISTORIQUE : Cette maison fut maintenue dans
sa noblesse, ayant fait remonter ses preuves nobiliaires antérieurement à 1480, par jugements souverains, rendus par M. Bazin de Besons, intendant
de Languedoc, le 23 et le 27 septembre 1668.
Guillaume de Jessé, bourgeois de la ville de Toulouse, fut capitoul en 1593. Pierre de Jessé, seigneur de Punctous, co-seigneur directe du lieu de
Saint-Loup, dénombra ses fiefs nobles, devant les
capitouls, à Toulouse, le 3 avril 1689. La famille
de Jessé a été représentée à l'assemblée de la noblesse, tenue en 1789.

SEIGNEURIES : Levas, Carlencas, Punctous et Saint-
Loup.

REPRÉSENTANTS ACTUELS : M. le baron de Jessé-
Levas, au château de Ladurie, près de Lyon :
M. Alfred de Jessé, au château de Preygne, près
de Béziers (Hérault) ; M. de Jessé-Charleval, rue
Crignan, 90, à Marseille.

JUNCA ou JUNQUA

ARMES : Ecartelé : aux premier et quatrième d'azur, à une tête de lion arrachée et lampassée d'or ; aux deuxième et troisième d'or, à un arbre de pin de sinople terrassé de même, fruité d'or.

HISTORIQUE : Jean Junca, de Castelnau-Magnoac, acheta la maison noble et seigneurie du Doublet, La Palisse, Rieumégut et les fiefs de Saintrailles, de la famille d'Orot ; en 1619, il acquit la Roque, Peyret, Barte, Lisos et Magnoac du seigneur de Fontenilles. Il fut anobli par lettres royales, signées à Loménie, en août 1623. Jean-Antoine de Junca, écuyer, seigneur de Campagne, assista à l'assemblée de la noblesse, tenue à Mont-de-Marsan, le 23 mai 1789. On trouve dans les actes anciens le nom de cette famille écrit Junca ou Junqua. (Voir le manuscrit de l'Archer dans les archives départementales des Hautes-Pyrénées, à Tarbes, aux mots : *Junqua, Doublet.*)

REPRÉSENTANTS ACTUELS : MM. Junqua frères, propriétaires, à Lévignac, et à Toulouse, grand'rue Nazareth, 2.

LABROQUÈRE

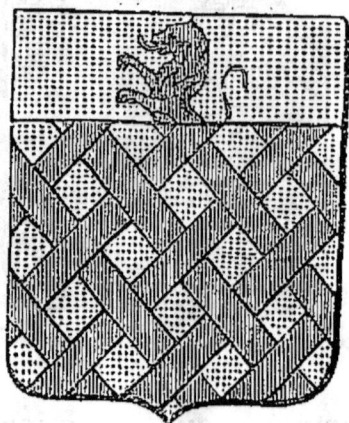

ARMES : D'or burelé de gueules ; au chef d'or, au lion issant de gueules. Une branche portait : coupé en chef d'or, au lion issant de sable, en pointe d'or burelé de gueules. — *Couronne* : de comte. — *Supports* : deux griffons.

HISTORIQUE : Bertrand de Labroquère, docteur en médecine, co-seigneur de Saint-Léon et de Caussidières, fut élu capitoul en 1754. François-Raymond-Luc de Labroquère, écuyer, professeur à l'Université de Toulouse, assista à l'assemblée de la noblesse, tenue dans cette ville en 1789.

SEIGNEURIES : La co-seigneurie de Saint-Léon et de Caussidières.

REPRÉSENTANTS ACTUELS : M. A. de Labroquère, receveur de l'enregistrement et des domaines en retraite, rue Pharaon, 22 ; Mme veuve de Labroquère, rue du Vieux-Raisin, 35 ; Mme Alban de Saint-Pol, rue Mage, 22, à Toulouse.

LACOSTE DE BELCASTEL

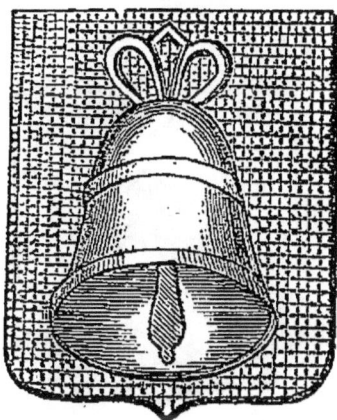

ARMES : De sable, à la cloche d'argent, tympanée de sinople. — *Couronne* : de baron. — *Supports* : deux lions d'or, la tête contournée.

DEVISE : *Crux Dux*.

HISTORIQUE : La maison de Lacoste est originaire du pays de Foix, où elle fut maintenue dans sa noblesse, par jugements souverains, rendus par M. Pellot, intendant de Guienne, le 10 juin 1667, et par M. Sanson, intendant de Montauban, le 24 février 1698. Une branche de cette maison ayant acquis la baronnie de Belcastel se fixa dans le diocèse de Lavaur ; aussi trouve-t-on souvent, dans les actes anciens, ses membres qualifiés de *barons* de Belcastel. Elle a donné des hommes distingués au clergé, à la magistrature et à l'armée. Elle a été représentée aux assemblées de la noblesse de 1789.

SEIGNEURIES : de Belcastel, de Capdaurat, de Soulés, de Viviers, de Saint-Aignan, etc.

REPRÉSENTANTS ACTUELS : MM. de Lacoste de Belcastel, propriétaires, à Toulouse, à Lavaur, etc.

LAFAILLE

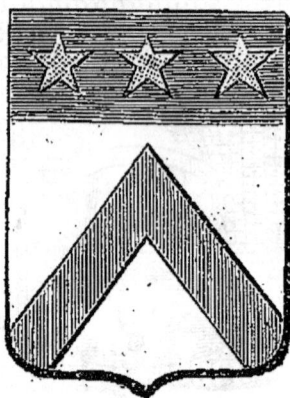

ARMES : D'argent, au chevron de gueules; au chef d'azur, chargé de trois étoiles d'or. (Tableau de 1660, au Capitole.)

HISTORIQUE : Germain de Lafaille, avocat en parlement, né à Castelnaudary, en Lauragais, le 13 octobre 1616, fut anobli par le capitoulat dont il a été honoré en 1660, en 1667, 1674 et en 1681. Ce fut en cette dernière année qu'il conçut la pensée d'élever à la mémoire des grands hommes de Toulouse un panthéon qui les réunît (*la salle des Illustres*). Lafaille a écrit les *Annales de la ville de Toulouse*, depuis la réunion du comté dè Toulouse à la couronne, de 1271, jusques en 1610, en 2 volumes in-folio. Il est aussi auteur du *Traité de la Noblesse des capitouls de Toulouse*, qui a eu quatre éditions, etc. La famille de notre historien est éteinte. En plaçant dans ce volume son blason, nous avons voulu payer une dette de reconnaissance à l'annaliste consciencieux dont les œuvres nous viennent si souvent en aide. Le buste de Germain de Lafaille a été érigé dans la salle des Illustres toulousains qu'il a fondée.

LAMY *ou* LAMI

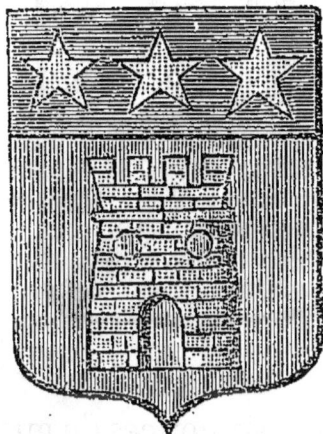

ARMES : De gueules, à la tour crénelée d'or, maçonnée de sable, ajourée d'une porte et de deux ouvertures supérieures du champ; au chef cousu d'azur, chargé de trois étoiles d'or. — *Couronne :* de comte. — *Supports :* deux levriers d'argent, colletés de gueules.

HISTORIQUE : Très ancienne famille du Languedoc, qui a donné des capitouls à la ville de Toulouse depuis 1503. Elle fut maintenue noble dans ses différentes branches, ayant fait remonter ses preuves écrites à 1541, notamment par jugement souverain, rendu par M. Bazin de Besons, intendant de Languedoc, le 26 mars 1670. Elle fut représentée à l'assemblée de la noblesse, tenue à Toulouse en 1789.

SEIGNEURIES : Cuq, Puylaurens, Preissac, au diocèse de Lavaur et dans le Lauragais.

REPRÉSENTANTS ACTUELS : MM. Pierre de Lamy et Jules son fils, place des Carmes, 30, à Toulouse; M. Léon de Lamy, maire de Saint-Julia (Haute-Garonne); M. Julien de Lamy, ancien officier en retraite; M. Sylvain de Lamy, à Saint-Julia.

LAPANOUSE

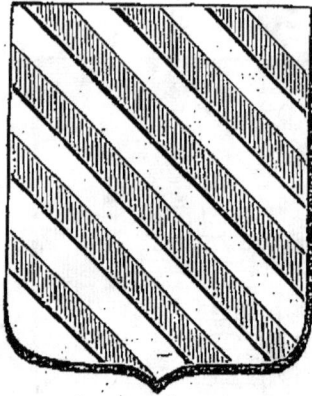

ARMES : D'argent, à six cotices de gueules. — *Couronne* : de comte. — *Supports* : deux lions d'or.

HISTORIQUE : La terre de La Panouse, en Rouergue, a été le berceau de cette ancienne famille, qui a été maintenue noble dans ses diverses branches par différents arrêts, notamment par ceux rendus à Montauban, sous M. l'intendant Laugeois, le 5 avril 1746, et par la cour des aydes et finances de Montpellier, le 16 septembre 1743. Elle a donné deux sénéchaux au pays de Rouergue, des conseillers du roi, un évêque au diocèse de Mende, plusieurs chevaliers à l'ordre de Malte, des hommes distingués au clergé et à l'armée. Elle a été admise aux honneurs de la cour, après avoir fait les preuves nobiliaires exigées, en 1787, et à l'assemblée de la noblesse tenue en 1789.

SEIGNEURIES : Loupiac, la Peyre, Biscams, Miramont, Garceval, Sarignac, Chaylar, Barthas, Giniac-Bas, Pounis, Laveryeols, Paillaret, Colombier, etc., en Albigeois, en Rouergue et en Quercy.

REPRÉSENTANTS ACTUELS : MM. de Lapanouse, à Albi (Tarn).

LAPARRE DE SAINT-SERNIN

ARMES : D'or, à un arbre de sinople terrassé de même, le tronc chargé d'une corneille de sable, et une autre corneille de même posée à dextre et affrontée avec celle de l'arbre ; au chef de gueules, chargé d'un croissant d'argent, accosté de deux étoiles du même.

HISTORIQUE : M. Géraud-François Laparre de Saint-Sernin, ancien trésorier général de France en la généralité de Toulouse, maire de la commune de Verdun (Tarn-et-Garonne), reçut de lettres royales de noblesse, datées de Paris le 16 décembre 1815, enregistrées par la cour royale de Toulouse l'année suivante.

REPRÉSENTANTS ACTUELS : M. Ernest de Laparre de Saint-Sernin, rue du Vieux-Raisin, 16, à Toulouse ; M. Frédéric de Laparre de Saint-Sernin, officier dans l'armée pontificale, chevalier de l'ordre de Saint-Grégoire-le-Grand, propriétaire, à Dieupentale (Tarn-et-Garonne).

LAPERSONNE

ARMES : D'argent, au levrier courant de sable sur une terrasse de sinople ; en chef, une caille de naturel au vol ; au chef d'azur, chargé d'un croissant d'argent, accosté de deux étoiles d'or.

HISTORIQUE : Noble famille du comté de Lauragais, qui a établi ses titres et sa filiation depuis 1545, sans lacune, devant le tribunal de première instance de Toulouse, pour revendiquer la particule nobiliaire délaissée depuis l'époque de la Révolution de 1789. Un jugement de rectification a été rendu par ce tribunal, le 17 janvier 1867, et par celui de Muret, le 27 mars 1868. Ils ordonnent le rétablissement de la particule DE devant le nom de Lapersonne. Plusieurs membres de cette famille ont rendu hommage au roi pour des fiefs nobles.

SEIGNEURIES : Vieillevigne, En-Gasc, la Callerie et Sabartier en Lauragais.

REPRÉSENTANTS ACTUELS : MM. Emmanuel, Gustave, Paul de Lapersonne, à Toulouse ; M. Louis, à Paris ; MM. de Lapersonne, à Auterive ; M. de Lapersonne, officier de marine, à Rochefort.

LAROCHE-LAMBERT

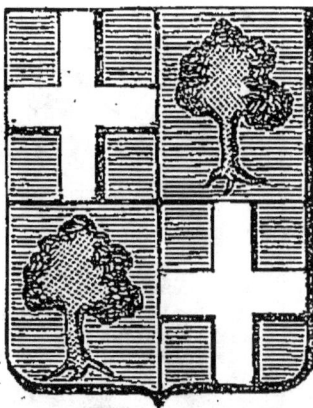

ARMES : Ecartelé : aux premier et dernier d'azur, à la croix d'argent ; aux deuxième et troisième d'azur, à un arbre arraché d'or. — *Couronne : de comte.*

HISTORIQUE : Ancienne famille du Quercy, qui a été maintenue dans sa noblesse, ayant fait remonter ses preuves nobiliaires écrites à 1443, par jugements souverains rendus, par M. l'intendant de la généralité de Soissons, le 19 mars 1670 ; par M. Nicolas-Joseph Foucault, intendant de Montauban, le 11 septembre 1674 ; par M. Félix Le Pelletier, le 26 août 1698. Elle fut représentée aux assemblées de la noblesse du Quercy et de l'Armagnac en 1789. Cette maison a donné des sujets distingués à la magistrature et à l'armée.

SEIGNEURIES : Mions, Grimancourt, La Boissière, Poujoulet, La Graulet, etc.

REPRÉSENTANTS ACTUELS : M. A. de Laroche-Lambert, propriétaire, et son fils, rue Peyras, 18, à Toulouse.

LASSALLE de DEYME

ARMES : D'or, à un château-fort sommé de trois tours crénelées de sable, maçonné d'argent, posé sur une terrasse de sinople ; au chef d'azur, chargé d'un croissant d'argent accosté de deux étoiles d'or. — *Couronne :* de comte. — *Supports :* deux lions d'or, lampassés de gueules.

HISTORIQUE : Philippe Lassalle, co-seigneur de Deyme en Lauragais, fut élu capitoul de la ville de Toulouse en 1700. Il est mort à Deyme, le 8 novembre 1720, laissant plusieurs enfants.

SEIGNEURIE : Deyme, en Lauragais.

REPRÉSENTANTS ACTUELS : MM. Lassalle, propriétaires, à Toulouse, rue de la Chaîne, 4, et à Deyme (Haute-Garonne).

4.

LATOUR DE LANDORTHE

ARMES : D'azur, à la tour crénelée d'argent, maçonnée et ouverte de sable, mise sur un semé de fleurs de lys d'or. — *Couronne* : de marquis.

HISTORIQUE : Les de Latour de Landorthe, seigneurs de Landorthe et de Saint-Ignan, furent maintenus dans leur noblesse par jugements souverains rendus par M. Pellot, intendant de Guienne, le 23 mars 1668, et par M. Sanson, intendant de Montauban, le 20 février 1696. Cette famille a donné un évêque au diocèse de Pamiers et plusieurs membres distingués au haut clergé, deux chevaliers à l'ordre de Malte, des officiers à l'armée, des gardes du corps du roi et des pages ; elle a été représentée à l'assemblée génerale de la noblesse tenue en 1789.

SEIGNEURIES : Landorthe, Saint-Ignan, Mane, Samazan, Saux, Mancioux, Savarthés, etc.

REPRÉSENTANTS ACTUELS : M. Hugues de Latour-Landorthe et son fils, rue du Vieux-Raisin, 11, à Toulouse.

LE FRANC DE POMPIGNAN

ARMES : D'azur, à un cavalier armé d'argent, tenant en main une épée nue. — *Couronne* : de marquis. — *Supports* : deux léopards.

HISTORIQUE : La maison de Le Franc de Pompignan en Quercy fut maintenue dans sa noblesse, ayant fait remonter ses preuves écrites à 1544, par jugement souverain rendu par M. Sanson, intendant de Montauban, le 13 février 1698. La terre de Pompignan fut érigée en *marquisat*, sous la dénomination de *Pompignan-le-Franc*, en faveur de messire Jean-Jacques Le Franc de Pompignan, chevalier, conseiller du roi en ses conseils, premier président honoraire de la cour des aydes de Montauban, et conseiller d'honneur au parlement de Toulouse, en janvier 1763. Cette famille a été représentée à l'assemblée de la noblesse tenue en 1789.

SEIGNEURIES : Le marquisat de Pompignan, Caix, Thouron, Lile, La Tour, etc., en Quercy et en Languedoc.

REPRÉSENTANTS ACTUELS : M. le marquis Maxence Le Franc de Pompignan ; MM. Eugène et Gérard Le Franc de Pompignan frères, rue Peyras, 13, à Toulouse et à Nérac.

LESTRADE

ARMES : De gueules, au lion au repos d'or ; au chef cousu d'azur, chargé de trois étoiles d'or.

HISTORIQUE : Gabriel de Lestrade fut déclaré noble, en vertu du capitoulat, par jugement souverain rendu par M. Bazin de Besons, intendant de Languedoc, le 12 octobre 1669. Ce jugement a été publié par Henri de Caux, et tout récemment par M. Louis de La Roque, dans l'*Armorial de Languedoc*, généralité de Toulouse, tome Ier, page 241. Raymond de Lestrade, contrôleur de la maison de ville de Toulouse, avait épousé Anne de Murat, de laquelle il eut Pierre, Jean-François et Gabriel. Ce dernier, maintenu dans sa noblesse, se qualifiait, dans les actes, de noble Gabriel de Lestrade, écuyer, capitaine des armées du roi, né à Toulouse, le 2 mars 1617 ; décédé le 13 avril 1677, sur la paroisse de Saint-Sernin.

SEIGNEURIES : La Cornaudric, la Palanquette, près de Toulouse.

REPRÉSENTANTS ACTUELS : MM. Lestrade frères et leurs fils, à Toulouse.

LÉZAT DE MARQUEFAVE

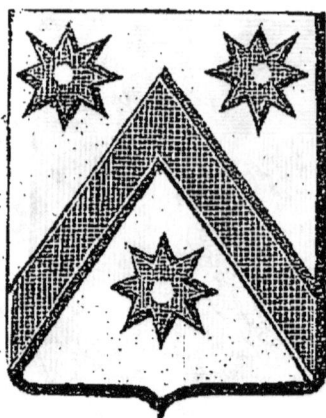

ARMES : D'argent, au chevron de sable, accompagné de trois molettes d'éperon de même. — *Couronne* : de baron. — *Supports* : deux lions.

HISTORIQUE : Très ancienne famille toulousaine, qu'on voit figurer sur les listes des consuls ou capitouls, à l'époque où ces magistrats formaient la cour des comtes, et qu'il fallait être noble pour en faire partie, en 1204, 1220, etc. Elle fut maintenue dans sa noblesse, par M. Bazin de Besons, le 26 novembre 1668 et le 20 octobre 1669. Elle a donné un chevalier à l'ordre de Malte et des officiers à l'armée. Michel de Lézat, *baron* de Marquefave, et Marie de Lézat, épouse de Joseph-Amable de Castet, assistèrent à l'assemblée de la noblesse du Comminges, tenue à Muret en 1789.

SEIGNEURIES : Marquefave, Brugnac, La Prade, Saint-Hippolyte, en Comminges.

REPRÉSENTANTS ACTUELS : M. le baron de Lézat-Marquefave ; Mme veuve baronne de Lézat-Marquefave, née de Lez, place Saint-Sernin, 5, à Toulouse, et à Marquefave (Haute-Garonne).

LORDAT de BRAM

ARMES : D'or, à la croix de gueules. — *Couronne :* de marquis. — *Tenants :* deux hercules.

DEVISE : *Pro Fide !...*

HISTORIQUE : La maison de Lordat, aussi ancienne qu'illustre, était apparentée avec les comtes souverains de Foix. Au douzième siècle, elle gouvernait la vallée de Lordat, située dans les Pyrénées, au comté de Foix. Son premier auteur connu est Guillaume de Lordat, vivant en 1137. Cette famille, maintenue dans ses différentes branches, par M. de Besons, compte parmi ses membres un patriarche, un prince du Saint-Empire, des évêques, un légat du pape, des officiers généraux, des ambassadeurs, un grand prieur et plusieurs chevaliers de Malte, de Saint-Louis, etc. M. Louis de Lordat acquit, en 1719, une baronnie des Etats de Languedoc, dont il fit transférer le titre sur la terre de Bram.

SEIGNEURIES : Bram, Casenove, Villarsens, Busarens, Castagnac, Carlipa, La Bastide, Villesplats, etc.

REPRÉSENTANTS ACTUELS : M. le marquis de Lordat de Bram et son fils, rue Ninau, 19, à Toulouse.

MAC-CARTHY-REAGH

ARMES : D'argent, au cerf passant de gueules, ramé de dix cors et onglé d'or. — L'écu timbré de l'asionn ou couronne antique irlandaise. — *Tenants : deux anges de carnation, ailés et chevelés d'or, vêtus de tuniques d'argent, le manteau de pourpre, chacun se couvrant la poitrine d'un bouclier ; celui de dextre aux armoiries de la province de Munster, celui de sénestre aux armes de la ville de Cork. — *Cimier* : un dextrochère tenant un lézard au naturel, avec le cri : *Lam laidir abou* (vive le bras fort). — LÉGENDE : *Sinnsior clanna Milead* (aînés des tribus de Milesius).

DEVISE : *Fortis, ferox et celer !*...

HISTORIQUE : Très noble famille d'Irlande, dont cette branche obtint du roi Louis XVI, en septembre 1776, des lettres de naturalisation, de reconnaissance et de confirmation de noblesse, enregistrées au parlement de Toulouse ; ville où elle a fixé sa résidence.

REPRÉSENTANT ACTUEL : M. le vicomte de Mac-Carthy-Reagh, rue Mage, 3, à Toulouse.

MANAS

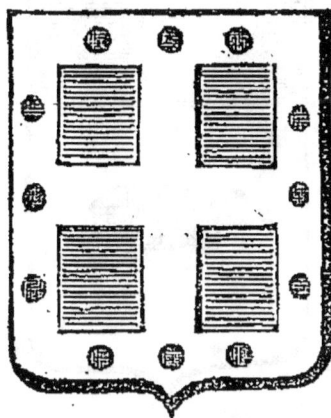

ARMES : D'azur, à la croix d'argent et à la bordure de l'écu de même, chargée de douze tourteaux de sable, mis en orle.

HISTORIQUE : Très ancienne maison du Toulousain, qu'on voit figurer sur les listes des Capitouls déjà en 1329. Elle fut maintenue dans sa noblesse, dans ses différentes branches, en Languedoc et en Gascogne, et a donné plusieurs capitouls, un trésorier général de France, un chevalier à l'ordre de Malte et plusieurs officiers à l'armée.

SEIGNEURIES : Caillan, Homps, en Lomagne; Saint-Germier, au pays de Rivière-Verdun; Lahas, en Comminges, etc.

REPRÉSENTANTS ACTUELS : M. Dominique-Etienne de Manas, maire de Beaumont-de-Lomagne; MM. Antonin et Armand frères, à Beaumont-de-Lomagne; Alexandre, percepteur à Montfrin (Gard); M. Armand de Manas, directeur d'assurances, à Montauban; M. Jules de Manas, à Dieupentale; M. Victor de Manas, ✳, chirurgien-major, à Philippeville (Algérie).

MARCASSUS DE PUYMAURIN

ARMES : D'argent, au marcassin de sable, allumé et animé de gueules, passant en abîme ; au chef d'azur, chargé de trois étoiles d'or. — *Couronne :* de baron.

HISTORIQUE : Jean Marcassus, seigneur de Puymaurin, fut capitoul en 1721. Il dénombra ses fiefs nobles devant les capitouls, à Toulouse, le 15 décembre 1727. La terre de Puymaurin, en Comminges, a été érigée en *baronnie,* en 1744, en faveur de Jean Marcassus : et une pension de 600 livres lui fut accordée par le Roi, en récompense des services qu'il avait rendus au pays en rétablissant, en 1712, la manufacture de draps au château de la Terrasse, près de Carbonne. Nicolas-Joseph Marcassus, baron de Puymaurin, syndic général de la province de Languedoc, fut convoqué à l'assemblée de la noblesse du Comminges, tenue à Muret en 1789.

SEIGNEURIE : la baronnie de Puymaurin, au pays de Rivière-Verdun, en Comminges.

REPRÉSENTANT ACTUEL : M. Joseph de Marcassus, baron de Puymaurin, place Saint-Barthélemy, 9, à Toulouse.

MARCELIER DE GAUJAC

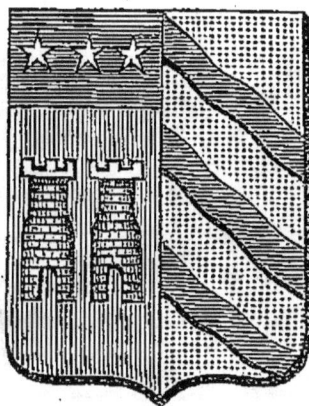

ARMES : Parti : au premier de gueules, à deux tours d'argent, maçonnées et portichées de sable, crénelées de trois pièces chacune ; au chef cousu d'azur, chargé de trois étoiles d'or ; au deuxième d'or, à trois bandes vivrées ou ondées d'or. (*Armorial* de 1696, généralité de Grenoble, reg. 1er, nos 20, 127, fos 37 et 38, 364 et 366). — *Couronne* : de baron.

HISTORIQUE : Messire François de Marcelier, écuyer, *baron* de Gaujac, en Gaujagois, habitant de la ville de Grenoble en Dauphiné, directeur général des domaines du roi en Dauphiné, fit l'aveu et dénombrement de la terre *baronnie* de Gaujac, à Montpellier, le 12 juillet 1687. François de Marcelier avait acquis la baronnie de Gaujac, au diocèse d'Auch, sénéchaussée de Toulouse, mouvant en foy et hommage du Roi, à messire Joseph de Gontaud de Biron, marquis de Brisambourg, et d'Ephigénie Mélanie de Voisins, son épouse, le 3 octobre 1681.

REPRÉSENTANTS ACTUELS : M. Alphonse de Marcelier, baron de Gaujac, MM. Henri et Albert ses fils, rue Ninau, 15, à Toulouse.

MARCORELLE

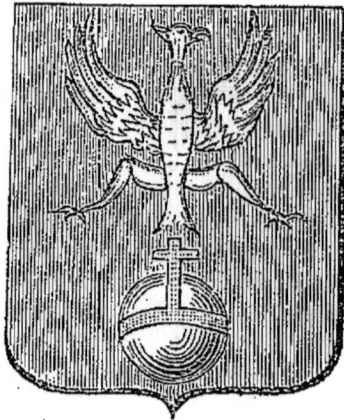

ARMES : De gueules, à l'aigle éployée d'argent ; en pointe un monde d'argent, cerclé, cintré et croiseté d'or. — *Couronne :* de baron.

HISTORIQUE : Paul Marcorelle fut capitoul en 1731 ; Joseph-Marie de Marcorelle, écuyer, chevalier de l'ordre du Mont-Carmel et de Saint-Lazare, ancien officier au régiment d'Agenais-Infanterie, ayant établi ses preuves nobiliaires, fut confirmé dans sa noblesse par un arrêt de la cour des comptes, aydes et finances de Montpellier, le 21 juin 1786. M. de Marcorelle baron d'Escalle fut présent à l'assemblée de la noblesse tenue à Toulouse en 1789. M. Jean-François-Joseph de Marcorelle, député au Corps Législatif, chevalier de l'Empire, né à Toulouse le 21 juin 1760, fut créé *baron* de l'Empire, par décret impérial du 4 août 1811, enregistré au Sénat le 28 septembre 1811.

SEIGNEURIE : Escalle, au diocèse de Narbonne.

REPRÉSENTANT ACTUEL : M. le baron de Marcorelle, propriétaire, à Fronton (Haute-Garonne).

MARRAST

ARMES : D'argent, à deux loups passant de sable, l'un sur l'autre. — *Couronne* : de comte.

HISTORIQUE : La maison de Marrast est originaire du Comminges, en Gascogne, où elle a toujours été mise au rang des plus considérables de cette province, tant par son ancienneté que par ses bonnes alliances. Garcie-Arnaud de Marrast vivait à Puymaurin en 1042. François et Dominique de Marrast furent maintenus dans leur noblesse, par un arrêt de la cour des aydes de Montauban, rendu le 28 septembre 1731. Ils résidaient à Puymaurin. Cette famille fut représentée aux assemblées de la noblesse, tenues à Toulouse et à Muret en 1788 et 1789. Armand Marrast, né à Saint-Gaudens, en 1802, écrivain distingué et rédacteur de la Constitution de 1848, descendait de cette ancienne maison.

REPRÉSENTANTS ACTUELS : M. Hippolyte Marrast et Mme Camin, née Marrast, à Saint-Lys ; MM. Henri, Philéas, Théodore Marrast frères, tous enfants de feu Omer Marrast, notaire à Saint-Lys, à Toulouse ; MM. Aurélie et Eugène son fils ; Eugène et une fille d'Armand Marrast, à Paris.

MARTRIN de DONOS

ARMES : D'or, à l'aigle éployée et couronnée de sable, qui est de *de Martrin* ; écartelé de gueules, à trois fasces d'argent, qui est de *de Donos*. — *Couronne* : de comte. — *Supports* : deux lions.

HISTORIQUE : La famille de Martrin est originaire du Rouergue : celle de Donos, du bas Languedoc, lui a substitué ses noms et armes en 1563. Elle a été maintenue, dans ses différentes branches, par M. de Besons, intendant de Languedoc, le 19 décembre 1668, par M. Le Pelletier et M. le Gendre, intendants de Montauban, le 14 avril 1699 et le 17 septembre 1700. Elle a été convoquée à l'assemblée de la noblesse, tenue en 1789.

SEIGNEURIES : Bladies, des Plats, Saint-Martin, en l'élection de Millau : le Perget, au diocèse d'Albi.

REPRÉSENTANTS ACTUELS : MM. de Martrin de Donos, rue de la Chaîne, 6, à Toulouse, au château des Bruyères (Tarn), au château de Lebrettes (Aude), au château de Mary (Tarn), à Staouëli (Algérie), à Ayguebelle, à Marennes (Charente-Inférieure), à Donos, près de Narbonne (Aude).

MAULÉON

Armes : De gueules, au lion rampant d'argent, allias d'or. — *Couronne* : de comte. — *Supports* : deux lions.

Historique : Ancienne famille du Languedoc, qui fut maintenue dans ses différentes branches, ayant fait remonter ses preuves nobiliaires à 1500, par M. Bazin de Besons, intendant de Languedoc, les 13 septembre et 2 décembre 1669; par M. Le Pelletier, intendant de Montauban, les 14 avril et 6 juin 1699, et par M. Le Gendre, le 18 décembre 1700. Cette maison a donné un conseiller au parlement de Toulouse en 1556, des chevaliers à l'ordre de Malte et des officiers supérieurs à l'armée. Deux de ses membres furent admis aux honneurs de la cour avec le titre de *comte*, en 1782 et 1786, et à l'assemblée de la noblesse de 1689.

Seigneuries : La baronnie de Durban, Saint-Paul, Doueilhe, Sabailhan, Gensac, Game, Roquebrune, Montlezun, Saint-Sauvy, etc.

Représentants actuels : M. de Mauléon-Chalabre, rue Fermat, 3, à Toulouse ; M. Alphonse de Mauléon, propriétaire, à Gimont (Gers).

MAZADE

ARMES : D'azur, au chevron d'or, accompagné en pointe d'un lion rampant du même ; au chef cousu de gueules, chargé d'un croissant d'argent accosté de deux étoiles d'or. — *Couronne :* de comte. — *Supports :* deux lions d'or.

HISTORIQUE : Cette famille, originaire de Toulouse, a donné des secrétaires du roi, maison, couronne de France près les chancelleries du parlement de Toulouse et de la cour des aydes de Montpellier ; des capitouls, en 1544, en 1562 et en 1569. Elle compte des alliances avec de nobles et illustres maisons de notre pays.

REPRÉSENTANTS ACTUELS : M. Louis de Mazade, ex-maire de Beaumont-sur-Oise (Seine-et-Oise) : Alexandre de Mazade, avocat, boulevard Sébastopol, 74, à Paris ; M. Edouard de Mazade, rue du Sentier, 39, à Paris ; M. Charles de Mazade, homme de lettres, et M. Charles son fils, rue Saint-Jacques, 33, à Paris ; M. Valentin de Mazade, ingénieur civil, rue Saint-Jacques, 33, à Paris.

MÉRIC DE MONTGAZIN

ARMES : Parti : au premier coupé en chef de gueules, à trois fleurs de lys d'argent rangées en fasce ; en pointe d'argent, à trois bandes de gueules ; au deuxième de gueules, au chevron renversé d'argent, surmonté de trois épis de blé liés d'argent ; au chef d'argent, chargé de trois losanges de gueules.

HISTORIQUE : Cette famille a donné, depuis 1706 jusqu'en 1790, trois conseillers au parlement de Toulouse. Guillaume Méric de Montgazin se qualifiait de *seigneur-baron* de Saint-Paul, au pays de Foix, seigneur de Montgazin et de Savères, conseiller de grand'chambre au parlement de Toulouse ; il assista à l'assemblée de la noblesse du Comminges, tenue à Muret en 1789.

SEIGNEURIES : Montgazin et Savères, en Comminges ; Saint-Paul, au pays de Foix.

REPRÉSENTANTS ACTUELS : Cette famille est tombée en quenouille dans celle de Suarés d'Alméida, résidant à Toulouse.

MONDINI

ARMES : De gueules, au cerf passant d'argent sur une terrasse de sinople, surmonté de trois étoiles d'or, rangées en fasce. — *Couronne :* de comte.

HISTORIQUE : Jean de Mondini ou Mondin, premier consul, a été député par la communauté de Mirepoix aux États généraux de Languedoc en 1606. Jacques de Mondini fut pourvu de l'office de juge en chef de la juridiction de Mirepoix, par messire Louis-Alexandre de Lévis de Lomaigne, maréchal de la Foy, capitaine de 50 hommes, etc., par lettres du 11 mai 1628. Étienne de Mondini, né à Villeneuve-d'Olmes (Ariége), reçut des lettres patentes de noblesse, données par le roi, le 5 mars 1827 ; elles furent enregistrées par la cour royale de Toulouse, le 16 juillet suivant.

REPRÉSENTANT ACTUEL : M. L. de Mondini, rue Bellegarde, 27, à Toulouse, et au château de Mézerville, par Salles-sur-l'Hers (Aude).

4..

MONTCALM de GOZON

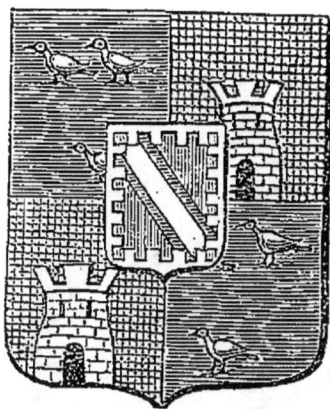

ARMES : D'azur, à trois colombes d'argent membrées et becquées d'or ; écartelé de sable, au chevron d'argent, accompagné de trois tours du même, maçonnées de sable ; *alias* de sable, à la tour crénelée d'argent, maçonnée de sable, qui est de *de Montcalm* ; sur le tout de *de Gozon*. — *Couronne* : de marquis.

HISTORIQUE : Très ancienne famille, maintenue en Languedoc par M. Bazin de Besons, le 28 décembre 1668. Elle a donné plusieurs chevaliers à l'ordre de Malte et des officiers distingués à l'armée. Aussi a-t-elle joui de tous les honneurs et de toutes les prérogatives dévolus à la noblesse française. Elle fut représentée à l'assemblée de la noblesse, tenue en 1789.

SEIGNEURIES : La baronnie de Saint-Victor, les terres de Gozon, de Milat, en Rouergue, etc.

REPRÉSENTANT ACTUEL : M. le marquis de Montcalm, au château de Pierre-Camarés (Aveyron), à Avèze (Gard), et rue Casimir-Périer, 6, à Paris.

NAYRAC *ou* NAIRAC

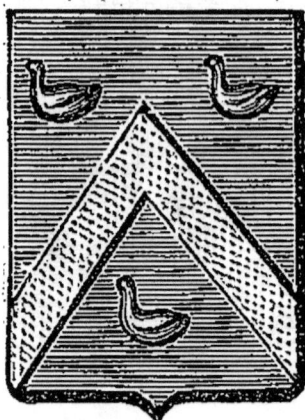

ARMES : D'azur, au chevron d'or, accompagné de trois merlettes ou canettes d'argent, posées deux en chef et une en pointe. — *Couronne* : de baron. — *Supports* : deux lions.

HISTORIQUE : M. Paul-Alexandre de Nayrac, seigneur-*baron* de Ferrières, de Fontorbe et autres places, capitaine au régiment des dragons de Chartres, dénombra ses fiefs nobles devant les trésoriers généraux de France en la généralité de Toulouse, le 20 décembre 1786. Il assista à l'assemblée générale de la noblesse, tenue à Castres en 1789.

SEIGNEURIES : Ferrières, Fontorbe, etc., au diocèse de Castres.

REPRÉSENTANTS ACTUELS : M. de Nairac de Ferrières, château de Sendrone, par Castres (Tarn) ; M. Jean-Ernest de Nairac de Ferrières, propriétaire à Fréjeville (Tarn) ; M. de Nairac de Sendrone, propriétaire, à Ferrières (Tarn).

NICOL

ARMES : De gueules, au nid d'or dressé de sable, garni d'un cygne d'argent, tout le col hors du nid ; au chef cousu d'azur, chargé de trois étoiles d'or. — *Couronne* : de comte.

HISTORIQUE : Jacques Nicol, inspecteur de la manufacture des tabacs, seigneur de Montblanc, élu capitoul en 1763, acquit par ce fait la noblesse. Jacques-François-Martin de Nicol, écuyer, seigneur de Cugnaux, dénombra ses fiefs nobles, devant les capitouls, le 10 juillet 1778. Il avait acheté à l'archevêque de Toulouse la justice haute, moyenne et basse, et tous les droits seigneuriaux attachés au fief de Castelmaurou, par acte retenu par Me Vidal, notaire à Toulouse, le 30 avril 1785. Il fut présent à l'assemblée générale de la noblesse, tenue à Toulouse en 1789.

SEIGNEURIES : Cugnaux, Montblanc, Castelmaurou.

REPRÉSENTANTS ACTUELS : M. Henri de Nicol, rue des Régans, 17 ; M. Paul de Nicol, rue Perchepinte, 15, à Toulouse.

NOAILHAN

ARMES : De gueules, à la croix tréflée, vidée et alézée d'argent. — *Couronne* : de comte.

HISTORIQUE : Très ancienne famille, originaire de la Gascogne, qui, ayant établi ses preuves écrites de noblesse depuis 1479, fut maintenue par jugement souverain, rendu par M. du Puy, commissaire subdélégué de M. de Pellot, intendant de Guienne, le 5 juillet 1667, et par M. Le Pelletier, intendant de Montauban, le 31 mai 1699. M. François, *comte* de Noailhan, a été admis aux honneurs par M. Cherin de Barbimont, en 1788 : et il fut convoqué à l'assemblée générale de la noblesse, tenue à Condom en 1789.

SEIGNEURIES : Fraichou, Cabanac, Villeneuve, Sainte-Livrade, Mezin, Lamezan, Fraxino, Buzet.

REPRÉSENTANTS ACTUELS : M. Amédée de Noailhan, M. Amanieu de Noailhan, rue Ninau, 10, à Toulouse, à Lacave et au château de Prat, par Saint-Lizier (Ariége).

O'GORMAN

ARMES : D'azur, au lion d'argent, passant en abîme, accompagné de trois épées antiques du même, garnies d'or, la pointe haute, posées deux et une en pointe.

DEVISE : *Primi et ultimi in bello !*...

HISTORIQUE : Arnold-Victoire-Martin comte O'Gorman, capitaine à la suite du régiment irlandais de Borwick-infanterie, député de Saint-Domingue aux États généraux de 1789, fit ses preuves de noblesse pour les honneurs de la cour ; il fut ensuite nommé colonel d'infanterie française par Mgr Louis-Stanislas-Xavier de France, oncle du roi, régent du royaume au nom de Louis XVII. Le brevet de colonel fut donné à Hamm en Westphalie, le 8 septembre 1793. Il est auteur de la branche de cette ancienne famille irlandaise qui s'est fixée à Toulouse, en 1805, par le mariage de M. Arnold-Henry-Ursule-Thomas, comte O'Gorman, avec Mlle Marie-Mélanie de Simorre.

REPRÉSENTANTS ACTUELS : M. O'Gorman père, rue des Régans, 15, à Toulouse ; M. Adrien, capitaine, en Afrique ; M. Charles, employé aux lignes télégraphiques, à Béziers (Hérault) ; M. Gaston, sous-lieutenant au 83e de ligne, à Nîmes.

OLIVE

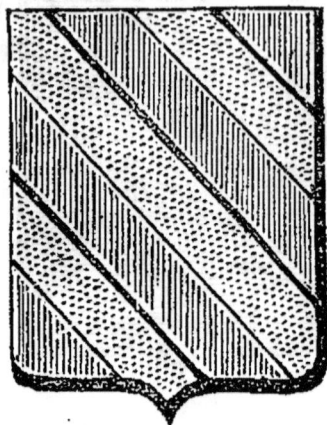

ARMES : De gueules, à trois bandes d'or. — *Couronne* : de marquis. — *Supports* : deux lions.

HISTORIQUE : Ancienne famille de Languedoc, qui a été maintenue dans sa noblesse, dans ses différentes branches, par jugements souverains, rendus par M. Bazin de Besons, intendant de Languedoc, le 23 septembre 1669 et le 10 janvier 1670. Elle a donné des sujets distingués à l'Eglise, à la magistrature et à l'armée, dont plusieurs conseillers et présidents au parlement de Toulouse, un évêque à Alet, des capitouls, des officiers supérieurs, un chevalier de Saint-Louis, etc. Cette maison fut représentée à l'assemblée générale de la noblesse, tenue à Toulouse en 1789.

SEIGNEURIES : Du Mesnil, Tournebois, Bruyères, Saint-Sauveur, etc., en Languedoc.

REPRÉSENTANTS ACTUELS : M. Louis d'Olive, rue de la Dalbade, 27 ; M. Isidore d'Olive, frère du précédent, même adresse, à Toulouse.

OLLONE ou OLONNE

ARMES : D'azur, au lion rampant d'or, la queue fourchée, nouée et passée en sautoir ; à la fasce élevée d'argent, surmontée de trois étoiles d'or, rangées en fasce. — *Couronne* : de comte.

HISTORIQUE : Nous avons compris cette famille dans l'*Armorial toulousain*, quoique étant étrangère à notre pays, à cause d'une alliance avec l'une des plus anciennes et des plus illustres maisons du Toulousain. M. Joseph-Marie-Balthazar-Eloi, comte d'Ollone, ancien lieutenant-colonel des dragons, fils de feu Alexis, comte d'Ollone, lieutenant général de cavalerie et colonel d'un régiment de dragons, etc., épousa D^{lle} Marie-Thérèse de Pins-Montbrun, fille de François de Pins, marquis de Montbrun, par contrat, retenu par Me Boyer, notaire à Toulouse, le 10 juillet 1756.

REPRÉSENTANT ACTUEL : M. le comte d'Ollone, ✳, capitaine-commandant au 12e chasseurs à cheval en garnison à Castres, détaché à Toulouse.

OUVRIER *ou* DOUVRIER

ARMES : D'azur, au chevron d'argent, chargé de sept merlettes de sable, accompagné de neuf épis de blé, liés de gueules de trois en trois, posés deux en chef et un en pointe. — *Couronne* : de vicomte. — *Supports* : deux lions d'or.

DEVISE : *Rien sens peine !*...

HISTORIQUE : Ancienne famille de Languedoc, qui, maintenue par M. de Besons, le 12 avril 1669, a donné des conseillers et des présidents au parlement, des capitouls à la ville de Toulouse, un évêque au diocèse de Nîmes, des officiers supérieurs à l'armée. Elle fut représentée aux assemblées de la noblesse, tenues à Toulouse, Carcassonne, Cahors et à Muret. M. Gustave d'Ouvrier de Villegly, général d'artillerie, a obtenu un décret impérial, le 28 avril 1868, portant confirmation du titre héréditaire de *vicomte de Bruniquel* qui a appartenu à ses aïeux.

SEIGNEURIES : Le Vernet, Bazus, Mazères, Carbes, Bruniquel, Villegly, etc.

REPRÉSENTANTS ACTUELS : M. Gustave d'Ouvrier de Villegly, vicomte de Bruniquel, général d'artillerie, G. ✷, et son fils, rue Matabiau, 23, à Toulouse.

PAC *ou* DU PAC

ARMES : D'or, à l'arbre de sinople terrassé du même ; à la vache de gueules, accornée, clarinée d'azur, passant et brochant sur le fût de l'arbre.

HISTORIQUE : Très ancienne famille, originaire du comté de Foix, qui, après avoir établi ses preuves de nobles de race depuis Jean Du Pac, écuyer, seigneur de La Salle, hommagié du roi en 1389, fut maintenue dans sa noblesse, par M. de Besons, intendant du Languedoc, le 10 décembre 1668, et par M. Sanson, intendant de Montauban, le 17 avril 1699. Elle a donné un chevalier à l'ordre de Malte en 1775, des sujets distingués à l'Eglise, à la magistrature et à l'armée. Dans plusieurs actes officiels, certains membres de cette famille sont qualifiés de *marquis, comte* ou de *baron*. Elle fut représentée aux assemblées de la noblesse, tenues en 1789.

SEIGNEURIES : Ponserme, La Salle, Badens, Bellegarde, Marsolies, Marbe, Fronsac, La Bastide, Rieucazé, etc., etc.

REPRÉSENTANTS ACTUELS : M. Du Pac, marquis de Badens, à Nice ; MM. Du Pac de Fronsac, rue des Lois, 30, à Toulouse ; MM. Du Pac de Marsolies, rue de la Madelaine, 5, à Toulouse ; M. Du Pac de La Bastide, à Rieucazé (Haute-Garonne), etc.

PAGESSE ou PAGÈZE de St-LIEUX

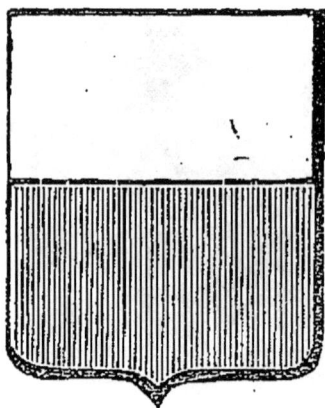

ARMES : Coupé d'argent et de gueules, *allias* de gueules, au chef d'argent. — *Couronne* : de marquis.

HISTORIQUE : Très ancienne famille du Toulousain que nous trouvons sur les listes des capitouls en 1270, lorsqu'il fallait être noble pour être admis dans ce conseil des Comtes souverains ; maintenue dans sa noblesse de race et dans ses différentes branches par M. de Besons, intendant de Languedoc, les 14 juin et 20 septembre 1669 et le 13 janvier 1670 ; elle a été représentée aux assemblées de la noblesse, tenues, en 1789, à Toulouse et à Castres. Cette maison a donné plusieurs chevaliers à l'ordre de Malte et plusieurs capitouls à la ville de Toulouse.

SEIGNEURIES : Pouze, Azas, la Court-en-Sourd, la Court-Naudric (*sic*, en 1557), La Garrigue, Vitrac, Beauville (*baronnie*), Saint-Lieux, Giroussens, Beaufort, Caumont, Saint-Chevian, En-Bernat, etc.

REPRÉSENTANTS ACTUELS : M. de Pagèze, marquis de Saint-Lieux, allées Louis-Napoléon, 3, à Toulouse : M. Paul de Pagèze de Saint-Lieux, rue Fortain, 8, à Paris.

PANEBEUF

Armes : De gueules, au bœuf passant d'or ; au chef cousu d'azur, chargé d'un paon rouant d'argent, accosté de deux étoiles du même. — *Couronne* : de marquis.

Historique : Pierre de Panebeuf, avocat, reçut des lettres de provisions de secrétaire du roi, maison et couronne de France en la chancellerie de Toulouse, le 27 août 1678. Jean-François de Panebeuf, son fils, lui succéda dans son office, le 28 août 1713. Cette ancienne famille fut représentée à l'assemblée générale de la noblesse, tenue à Toulouse en 1789.

Représentants actuels : M. Charles de Panebeuf, propriétaire à l'Isle-en-Jourdain (Gers) ; M. Alexandre de Panebeuf de Maynard père, MM. Charles et Alexandre de Panebeuf de Maynard fils, rue Boulbonne, 32, à Toulouse, et à Belesta, par Revel (Haute-Garonne).

PANEBEUF DE MAYNARD

ARMES : Écartelé : aux premier et quatrième de gueules, au bœuf passant d'or ; au chef cousu d'azur, chargé d'un paon rouant d'argent, accosté de deux étoiles du même, qui est de *de Panebeuf;* au deuxième de gueules, semé de feux follets d'argent, au dextrochère de carnation, brassadé ou habillé d'argent, armé d'une épée antique d'argent garnie d'or, mouvant du flanc sénestre de l'écu, qui est de *de Maynard;* au troisième de gueules, à la croix d'argent. — *Couronne* : de marquis. — *Supports* : deux lions d'or.

HISTORIQUE : C'est la même famille que la précédente, qui écartelle de Maynard, en vertu d'une substitution, et parti de Patras de Campaigno, à la suite d'une alliance avec cette famille, originaire de la Gascogne. On trouve, dans les anciens actes, le nom de cette famille écrit : *de Panabiau,* en patois.

REPRÉSENTANTS ACTUELS : MM. de Panebeuf de Maynard et ses fils, propriétaires, rue Boulbonne, 32, à Toulouse, et à Belesta, par Revel (Haute-Garonne).

5

PAPUS

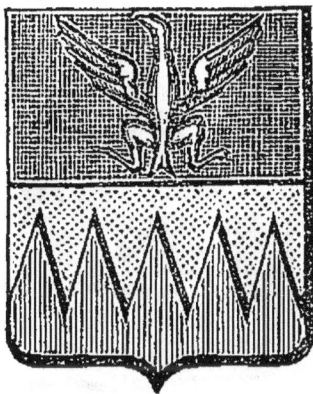

ARMES : Coupé : en chef de sable, à l'aigle éployée d'argent, fixant à dextre ; en pointe, emmanché d'or et de gueules. — *Couronne* : de baron.

HISTORIQUE : Pierre Papus, qui avait dénombré ses fiefs nobles en 1518, fut élu capitoul en 1528. Cette famille a donné dix conseillers au parlement de Toulouse, deux capitouls et plusieurs officiers à l'armée. Elle a été maintenue dans sa noblesse, par jugement souverain rendu par M. Bazin de Besons, intendant de Languedoc, le 12 avril 1669, et par M. Sanson, intendant de Montauban, le 2 décembre 1699. Dans ce dernier jugement, les de Papus sont qualifiés de *barons de Bérat*.

SEIGNEURIES : La Cassagnère, Cugnaux, Bérat, La Salle en Comminges, le Fousseret, etc.

REPRÉSENTANTS ACTUELS : M. Léopold, baron de Papus, et MM. Pierre et Raoul de Papus, ses fils, au château de Soulancé, par Martres (Haute-Garonne), et place Saint-Georges, 20, à Toulouse; M. Charles de Papus, rue des Fleurs, 11, à Toulouse.

PATRAS DE CAMPAIGNO

ARMES : Parti : au premier de gueules, à la croix d'argent ; au deuxième d'argent, au lion rampant d'azur, lampassé et couronné de gueules. (Jugement de maintenue.)

HISTORIQUE : M. Lainé, généalogiste du roi, a consigné dans ses *Archives nobiliaires de France* : « Cette famille prétend descendre des anciens ducs de Patras, de Morée, qui cédèrent ce duché aux Vénitiens en 1408. Mais cette prétention n'est fondée que sur *une simple* analogie de noms. Elle est originaire de Guienne, et est connue dans cette province par une suite de chartes depuis 1187. » Cette famille n'est point titrée. *Campaigno*, situé près d'Auch, en Gascogne, n'a jamais été érigé en fief titré.

SEIGNEURIES : Ligarde, Lauresan, Campaigno.

REPRÉSENTANTS ACTUELS : M. de Patras de Campaigno, ex-maire de Toulouse, O. ✳, député, rue Croix-Baragnon, 10, à Toulouse ; M. de Patras de Campaigno fils, sous-lieutenant au 7e cuirassiers.

PEGOT.

ARMES : D'azur, au pégot (oiseau) d'or perché sur un roc, à trois coupeaux de gueules bordés et accidentés d'argent. — *Couronne* : de baron. — *Tenants* : deux aigles éployées.

HISTORIQUE : Jean-Claude-Gaudens Pegot, parti simple volontaire au 3e bataillon de la Haute-Garonne, le 12 février 1792, devint maréchal-de-camp, commandeur de la Légion d'honneur, chevalier de l'ordre royal et militaire de Saint-Louis. Les services éminents de ce général lui avaient seuls obtenu les grades et les distinctions dont il était revêtu. Il fut créé *baron* de l'empire. Jean Pegot, né à Saint-Gaudens en Nébouzan, le 6 juin 1774, est décédé le 1er avril 1849.

REPRÉSENTANTS ACTUELS : Mme Solard, née Jean Pegot, et M. Solard, fils de M. Solard, ancien secrétaire général de la préfecture de la Haute-Garonne, propriétaires, à Saint-Gaudens (Haute-Garonne).

PÉLISSIER

ARMES : D'azur, à seize étoiles d'argent, rangées par quatre; au lion rampant et lampassé du même, brochant sur le tout. — *Couronne* : de comte. — *Supports* : deux lions.

HISTORIQUE : La maison de Pélissier, l'une des plus anciennes du Languedoc, figure dans la liste des consuls ou capitouls de Toulouse, sous les comtes, lorsqu'il fallait être noble pour faire partie de ce conseil. Nous trouvons dans l'histoire du comté de Toulouse plusieurs familles du nom patronymique de Pélissier, Pelissié ou Pélicier. Celle qui nous occupe en ce moment a été maintenue dans le diocèse de Castres, par jugement souverain rendu par M. Bazin de Besons, intendant de Languedoc, le 9 août 1669. Elle fut représentée à l'assemblée de la noblesse, tenue en 1789, et elle a donné des sujets distingués à l'administration, à la magistrature et à l'armée.

REPRÉSENTANTS ACTUELS : M. le comte de Pélissier et M. Henri de Pélissier son fils, rue Nazareth, 24, à Toulouse, et au château de la Joncquière, par Lavaur (Tarn).

PÉLISSIER du GRÈS ou DONADIEU

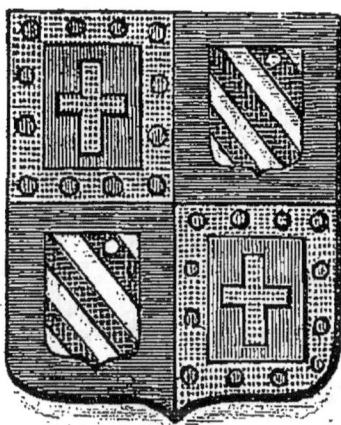

ARMES : De gueules, à une croix alézée d'or, à la bordure de l'écu du même, chargée de douze tourteaux de gueules posés en orle ; écartelé d'azur, à l'écusson mis en abîme d'argent, à trois bandes de sable, la première chargée d'un besant d'argent posé en chef. (*Arm.* de 1696, fº 34.)

HISTORIQUE : C'est une branche de l'ancienne maison de Pélissier, du Castrais, dont les actes se confondent souvent, parce que l'on trouve tantôt le nom de *Donadieu* employé comme prénom, et tantôt mis à la suite du nom patronymique de Pélissier, comme nom de fief. Du reste, ces sortes de confusions sont assez nombreuses dans les anciens titres. Cette famille, ainsi que celle qui précède, compte des alliances avec les maisons nobles les plus considérables du pays.

SEIGNEURIES : Pierrefeu, le Grès, au diocèse de Castres, en Languedoc.

REPRÉSENTANT ACTUEL : M. Pélissier du Grès, avoué près le tribunal de première instance de Castres (Tarn).

PERRIER *ou* DU PERRIER

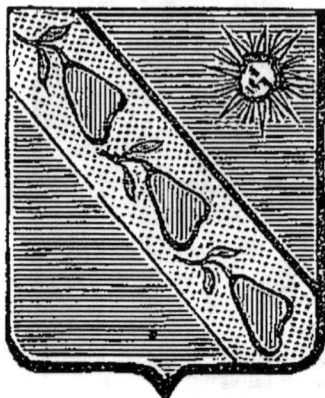

ARMES : D'azur, à une bande d'or, chargée de trois poires de gueules, tigées et feuillées de sinople, la tige en haut, surmontée d'un soleil agissant d'or, cantonné à sénestre. — *Couronne :* de baron. — *Supports :* deux lions.

DEVISE : *Et Fato et voluntate !...*

HISTORIQUE : Gabriel Du Perrier, fils de feu noble Etienne Du Perrier, seigneur-*baron* de Campmasés et de Rochefort, au diocèse de Lavaur, ayant fait ses preuves écrites depuis 1555, fut maintenu dans sa noblesse, par jugement souverain rendu par M. de Besons, intendant de Languedoc, le 4 janvier 1671. Cette famille a donné deux chevaliers à l'ordre de Malte en 1780 et en 1787. Elle fut représentée à l'assemblée générale de la noblesse, tenue en 1789.

REPRÉSENTANT ACTUEL : M. le baron Du Perrier, rue Saint-Pantaléon, 5, à Toulouse.

PESSEMESSE

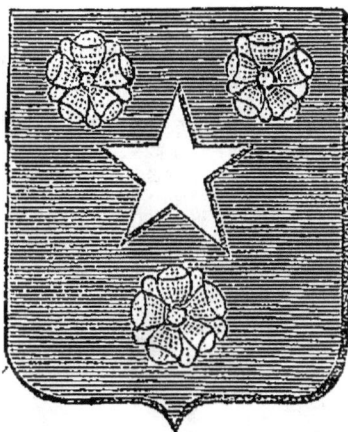

Armes : D'azur, à une étoile d'argent en abîme, accompagnée de trois roses d'or, deux en chef et une en pointe. (*Armorial de France de* 1696, fº 694.)

Historique : Pierre Pessemessè, conseiller et secrétaire du roi, maison et couronne de France, près la chancellerie de la cour des aydes et finances de Montpellier, reçu le 6 novembre 1655, obtint des lettres d'honneur ou de noblesse, données par le roi, à Versailles, le 24 septembre 1676 ; enregistrées à la chancellerie le 24 juillet 1677. Il fut de plus confirmé dans sa noblesse. Une branche de cette famille est venue se fixer à Toulouse, vers la fin du siècle dernier. M. Pessemesse a été administrateur des hospices de la ville de Toulouse durant plusieurs années.

Représentants actuels : MM. Ernest Pessemesse et Edouard son fils, propriétaires, à Toulouse, rue Pargaminières, 47.

PEYTES DE MONTCABRIER

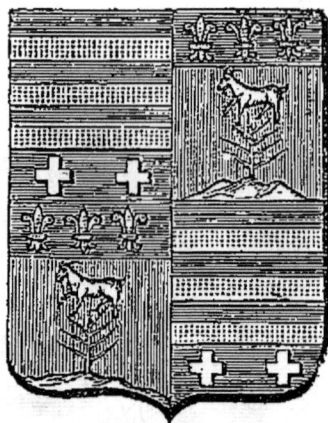

ARMES : D'azur, à trois fasces d'or, et en pointe deux croisettes d'argent, qui est de *de Peytes;* écartelé de gueules, à un mont d'argent sommé d'un arbre sans feuilles, ou créquier, surmonté d'une chèvre passante d'argent ; au chef cousu d'azur, chargé de trois fleurs de lys d'or, qui est de *de Montcabrier.* — *Couronne :* de comte.

HISTORIQUE : Famille établie en Languedoc dès la fin du douzième siècle, où elle a été maintenue dans sa noblesse par M. de Besons, le 26 mars 1670. Elle renouvela ses preuves devant M. d'Hozier, juge d'armes de France, et fut convoquée à l'assemblée de la noblesse, tenue à Toulouse en 1789.

SEIGNEURIES : Montcabrier, Lambault, Montgaillard, Saint-Paulet, Calvel, Las Planes, etc.

REPRÉSENTANTS ACTUELS : MM. Paul et Henri de Peytes de Montcabrier, à Toulouse ; M. Alphonse et ses fils, à Puylaurens (Tarn) ; M. Gustave et ses fils, à Réalmont (Tarn) ; M. de Peytes de Montcabrier, substitut du procureur impérial à Saint-Girons (Ariége).

5.

PIGACHE DE SAINTE-MARIE

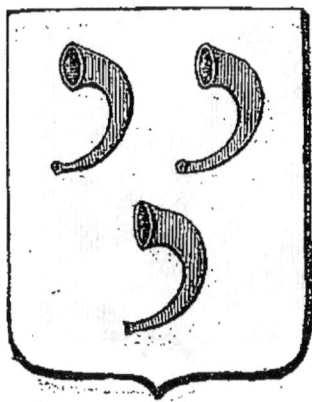

ARMES : D'argent, à trois huchets ou olifants de gueules, le pavillon en haut, posés deux et un. — *Couronne :* de comte. — *Supports :* deux levriers d'argent.

HISTORIQUE : Ancienne famille de Normandie, dont on trouve des représentants dans plusieurs montres ou revues de gentilhommes, faites dans cette province en 1346, en 1463, en 1520, etc. Ces différentes montres ont été publiées par M. de Waroquier, dans le tome IV. Cette famille a été maintenue dans sa noblesse en Normandie et convoquée à l'assemblée générale de la noblesse de ladite province, tenue en 1789. Un représentant de cette maison est venu s'établir à Toulouse au commencement de ce siècle.

SEIGNEURIES : Lamberville, Laubière, Raffeton, Sainte-Marie, etc., en Normandie.

REPRÉSENTANTS ACTUELS : M. Alphonse de Pigache de Sainte-Marie et son fils, rue Perchepinte, 33, à Toulouse, et à Villaudric (Haute-Garonne).

PINS ou PIIS

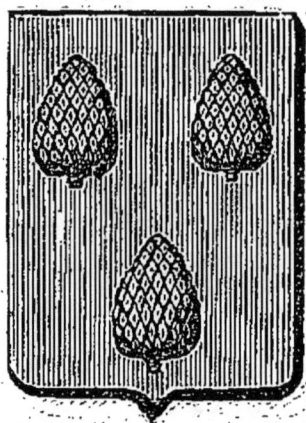

ARMES : De gueules, à trois pommes de pin d'or, posées deux et une, la tige en bas. — *Couronne* : de marquis. — *Supports* : deux lions, ou selon les branches.

DEVISE : *Du plus hault les pins!*...

HISTORIQUE : La maison de Pins ou Piis est l'une des plus anciennes, des plus nobles et des plus illustres du pays Toulousain. Elle a rempli en tout temps un grand rôle dans l'histoire de notre nation, et elle a donné deux grands-maîtres, deux grands-prieurs et plusieurs chevaliers à l'ordre de Malte, plusieurs prélats à l'Eglise, des magistrats savants et des officiers supérieurs à l'armée.

SEIGNEURIES : Pins, Montbrun, Caucalières, Montségou, Aulagnères, Roquefort, La Bastide, etc., en Languedoc.

REPRÉSENTANTS ACTUELS : M. Gaston de Pins-Montbrun, rue de l'Inquisition, 19 ; M. Charles de Pins-Montbrun, rue des Renforts, 8 ; M. Antonin de Pins de Caucalières et son fils, rue des Fleurs, 16 ; MM. Henri et Gérard de Pins, rue Ninau, 19, à Toulouse.

PLANET

ARMES : De gueules, au levrier d'or, passant sur une terrasse de sinople; au chef d'or, chargé de trois étoiles de sable. — *Couronne* : de comte. — *Supports* : deux levriers d'argent, colletés de gueules.

HISTORIQUE : Joseph Planet, procureur au parlement de Toulouse, fut élu capitoul en 1700. Son petit-fils, Jean-Jacques de Planet, avocat, rendit hommage au roi, devant les trésoriers généraux de France, à Toulouse, pour la co-seigneurie de Puybusque, le 11 mai 1768. Cette famille fut représentée à l'assemblée générale de la noblesse, tenue à Toulouse en 1789.

REPRÉSENTANTS ACTUELS : MM. Edmond de Planet, adjoint au maire de Toulouse, ✳, ex-vice-président au tribunal de commerce, membre de la chambre de commerce, rue des Amidonniers, 45; M. Casimir de Planet, au château de Mervilla, par Castanet (Haute-Garonne); M. Xavier de Planet, place du Palais, 10, à Toulouse; M. Louis de Planet, rue des Beaux-Arts, 5, à Paris; M. Louis Planet, juge au tribunal de commerce, et ses fils : M. Henri Planet, négociant, rue Temponière, 11, à Toulouse.

POUSOLS *ou* POUZOLS

ARMES : De gueules, à un château fort sommé de trois tours d'argent, maçonnées de sable, accompagné en pointe de deux lions affrontés d'or, posés sur une terrasse de sinople. — *Couronne* : de comte. — *Supports* : deux lions d'or, lampassés.

HISTORIQUE : Il y a plusieurs familles nobles de ce nom. François de Pousols, seigneur de Beaufort, habitant de Villemur, au Bas-Montauban, fut maintenu dans sa noblesse par jugement souverain rendu par M. Bazin de Besons, intendant de Languedoc, le 28 juin 1669. Pierre de Pouzols, sieur de La Tour, et Louis de Pouzols, habitants de Castelsarrasin, furent confirmés dans leurs titres nobiliaires par M. Le Pelletier, intendant de Montauban, le 12 mai 1698. Pouzols de Saint-Maurice assista à l'assemblée de la noblesse, tenue à Toulouse en 1789.

REPRÉSENTANTS ACTUELS : M de Pousols, dit *Saint-Phar*, père, M. Léo de Pousols-Saint-Phar, près la grande avenue du cimetière de Terre-Cabade, à Toulouse.

PRATVIEL D'AMADES

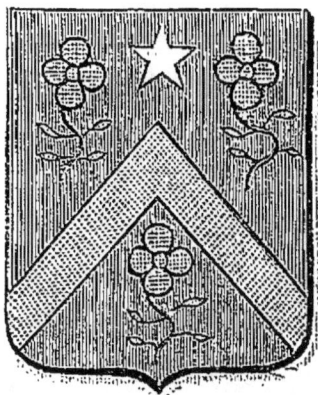

ARMES : De gueules, au chevron d'or, surmonté
d'une étoile d'argent, et accompagné de trois fleurs
de quatre fleurons (bouton d'or des prés), tigées et
feuillées d'or, posées deux en chef et une en pointe.
— *Couronne :* de comte.

HISTORIQUE : Cette famille a donné deux capitouls à la ville de Toulouse, Pierre Pratviel en 1752,
et Amans Pratviel, avocat, seigneur d'Amades, de
1775 à 1778. Il fut convoqué à l'assemblée de la
noblesse du Comminges et du Nébouzan, tenue à
Muret en 1789 ; elle fut également représentée à
celle de Toulouse. Claude-Elisabeth de Pratviel
d'Amades était dans les gardes du roi en 1790.

SEIGNEURIES : D'Amades, en Comminges; de Lay-
mont et de Saint-Michel, en Gascogne.

REPRÉSENTANTS ACTUELS : M. Amans de Pratviel
d'Amades, ✳, officier en retraite, rue Romiguières, 1 ; M. Antonin, rue de la Dalbade, 19 ; M. Alphonse, rue des Couteliers, 33 ; Mme veuve de
Pratviel d'Amades, rue des Fleurs, 16, à Toulouse.

PRUDHOMME DE SAINT-MAUR

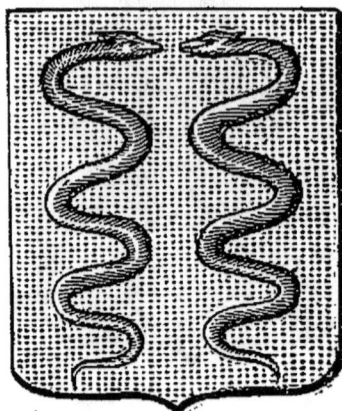

ARMES : D'or, à deux bisses ondoyantes et affrontées de sable, posées en pal. — *Couronne* : de marquis. — *Supports* : deux lions d'or.

DEVISE : *Prudence !...*

HISTORIQUE : Cette famille, originaire du Quercy, s'est transportée dans le pays Castrais vers le milieu du siècle dernier. Jacques Prudhomme était conseiller du roi et son procureur au sénéchal de Castres. Il fut convoqué à l'assemblée de la noblesse tenue à Castres, en 1789.

SEIGNEURIE : Saint-Maur, près de Castres.

REPRÉSENTANT ACTUEL : M. Jules Prudhomme de Saint-Maur, propriétaire, rue Perchepinte, 4, à Toulouse, et à Castres (Tarn).

PURPAN

ARMES : D'argent, au dextrochère de carnation, vêtu de gueules, tenant empoignés cinq épis de blé de sinople ; au chef d'azur, chargé d'un croissant d'argent, accosté de deux mondes d'or, cintrés et cerclés du même. — *Couronne :* de comte.

HISTORIQUE : Antoine de Purpan, seigneur de Vendine, dénombra ses fiefs nobles devant les capitouls de Toulouse, le 4 avril 1689 et le 7 avril 1691. Dans plusieurs actes que nous avons sous les yeux, Antoine de Purpan est qualifié de *noble*. Mais nous n'avons pu découvrir l'origine de sa noblesse.

SEIGNEURIE : Vendine, au comté de Caraman, en Languedoc.

REPRÉSENTANT ACTUEL : M. de Purpan, curé de Fonsorbes, canton de Saint-Lys (Haute-Garonne).

QUÉRILHAC

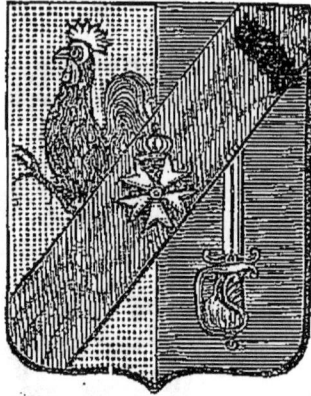

ARMES : Parti d'or et d'azur, l'or au coq de sable, l'azur à l'épée haute en pal d'argent ; barré du tiers de l'écu de gueules, au signe des chevaliers légionnaires brochant sur le tout.

HISTORIQUE : Dans la liste des capitouls de Toulouse de l'année 1370, figure Pierre de Quérilhac. L'empereur Napoléon Ier donna des lettres de noblesse en faveur de M. Clément de Quérilhac, inspecteur aux revues, né à Galan, département des Hautes-Pyrénées, datées de Paris, le 4 janvier 1811. Le même souverain fit une dotation, datée des 11 et 12 mars 1812, à M. Clément Quérilhac, inspecteur aux revues, de 2,000 francs de rente, constituée en biens à Bayrouth (nº 74), dans la province de Hanovre, bailliage de Rulzebourg (Allemagne). Depuis, il fut promu officier de l'ordre de la Légion d'honneur et créé chevalier de Saint-Louis, le 16 août 1818.

REPRÉSENTANT ACTUEL : M. Quérilhac, fils de Clément, conseiller doyen à la cour impériale de Toulouse, ✳, rue de la Dalbade, 22.

QUINQUIRY D'OLIVE

ARMES : D'or, au lion rampant de gueules, accompagné de six étoiles de sable posées en orle ; au chef de gueules, chargé de trois besants d'argent. — *Couronne* : de comte.

HISTORIQUE : Jean Quinquiry, avocat, a été élu capitoul en 1724 et en 1741. Antoine de Quinquiry d'Olive, ancien mousquetaire du roi, dénombra ses fiefs nobles, devant les capitouls, le 20 juin 1720. Guillaume-Louis de Quinquiry d'Olive, co-seigneur de Quint, fit le dénombrement de ses fiefs nobles, le 7 mars 1778. Cette famille, qui a donné plusieurs officiers à l'armée, a été représentée par trois de ses membres à l'assemblée générale de la noblesse, tenue à Toulouse en 1789.

SEIGNEURIES : Mouzens, co-seigneurs de Quint, en Languedoc.

REPRÉSENTANTS ACTUELS : M. Saint-Cyr de Quinquiry d'Olive et M. Léopold de Quinquiry d'Olive rères, rue Ninau, 11, à Toulouse.

RAGUET DE BRANCION

ARMES : D'azur, à trois fasces ondées d'or, qui est de *de Brancion ;* écartelé d'azur, à une tour d'argent, maçonnée de sable, surmontée d'un rat passant d'argent, qui est de *de Raguet.* — *Couronne* : de comte. — *Supports* : deux griffons, soutenant deux étendards.

DEVISE : *Au fort de la meslée !...*

HISTORIQUE : Famille originaire de la Bourgogne, M. Charles-Henri de Raguet de Brancion, fils de M. le comte de Raguet de Brancion, général de brigade, commandeur de l'ordre impérial de la Légion d'honneur, a épousé Mlle Marie-Anne-Justine de Roquette-Buisson, fille de M. Maxime, comte de Roquette-Buisson, ancien magistrat, ancien député de la Haute-Garonne, ex-membre du conseil général et du conseil municipal de Toulouse, administrateur des hospices, etc. De cette union est né, à Toulouse, un fils, qui fera, sans doute, branche dans notre pays.

REPRÉSENTANTS ACTUELS : M. le général comte de Raguet de Brancion, C. ✳, à Paris ; M. le vicomte de Raguet de Brancion, capitaine des hussards, ✳, et son fils, rue du Regard, 5, à Paris, et à Toulouse, rue Saint-Remésy, 12.

RAYMOND DE LASBORDES
et DE SAINT-AMANS

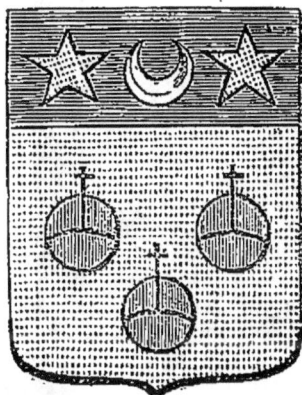

ARMES : D'or, à trois mondes de gueules, mis deux et un : au chef d'azur, chargé d'un croissant d'argent, accosté de deux étoiles d'or. — *Couronne* : de marquis. — *Supports* : deux lions d'or.

HISTORIQUE : Très ancienne famille du Toulousain. Bernard et Guillaume Raymond firent partie de la première croisade entreprise en 1096. Elle a été honorée, en quelque sorte, de toutes les dignités nobiliaires, et puis elle a donné des prélats à l'Eglise, des chevaliers à l'ordre de Malte, des conseillers au parlement, des capitouls, des officiers à l'armée, etc. Plusieurs branches de cette illustre maison furent maintenues en Languedoc et en Quercy ; elles ont aussi été représentées aux assemblées de la noblesse de 1789.

SEIGNEURIES : Lasbordes, Saint-Amans, Is, Saint-Martin-la-Lande, Peyrens, etc., en Languedoc ; Flamarens, en Quercy.

REPRÉSENTANTS ACTUELS : MM. de Raymond de Saint-Amans père et fils, rue des Arts, 12, à Toulouse ; Mlle Marie de Raymond, chanoinesse, à Agen (Lot-et-Garonne).

RAYNAL

ARMES : D'or, au renard passant de sable, sur une terrasse de sinople ; en chef, une étoile de gueules. — *Couronne* : de comte. — *Supports* : deux levriers d'argent.

DEVISE : *Recta linea !...*

HISTORIQUE : Jean de Raynal, avocat, subdélégué à l'intendance de Languedoc, acquit la noblesse par le capitoulat qu'il exerça en 1767. Il assista à l'assemblée de la noblesse, tenue à Toulouse en 1789. Nous lui devons une histoire de la ville de Toulouse. MM. Urbain père, Bruno et Edouard ses fils, obtinrent un jugement de rectification de leurs actes d'état civil, du tribunal de première instance de Narbonne, le 2 octobre 1858, pour l'addition de la particule DE.

REPRÉSENTANTS ACTUELS : M. Urbain de Raynal, O.✳, ingénieur en retraite, rue Pargaminières, 66 ; M. Edouard de Raynal, receveur des hospices de Toulouse, rue de la Dalbade, 29 : M. Bruno de Raynal, avocat, rue Vinaigre, 3, à Toulouse.

RESSÉGUIER

ARMES : D'or, à un pin de sinople terrassé de même ; au chef de gueules chargé de trois roses ou quintefeuilles d'argent. — *Couronne* : de marquis. — *Supports* : deux lions d'or.

HISTORIQUE : Bernard de Rességuier, hommagé du roi, en 1481, fut le premier qui quitta le Rouergue pour venir à Toulouse, où le roi François Ier l'appela, en 1518, en qualité de conseiller au parlement. Cette maison, maintenue dans sa noblesse par jugement souverain, rendu par M. de Besons, les 18 juillet et 22 septembre 1669, a donné plusieurs chevaliers à l'ordre de Malte, des magistrats très distingués au parlement de Toulouse, etc. La branche de Rouergue a été confirmée dans sa noblesse, par M. l'intendant Pellot, le 29 avril 1667, et par M. Sanson, le 23 janvier 1698.

SEIGNEURIES : Miremont, La Gravette, etc.

REPRÉSENTANTS ACTUELS : MM. Adrien, marquis de Rességuier, ancien maire de Toulouse ; Edmond de Rességuier ; Fernand de Rességuier, ancien secrétaire d'ambassade, chevalier de Malte et des Saints-Maurice et Lazare, mainteneur des Jeux-Floraux ; Raymond de Rességuier, ex-zouave pontifical, rue Fermat, 5, à Toulouse.

REVERSAT DE CÉLÉS DE MARSAC

ARMES : D'azur, au chevron d'or, accompagné de trois lions rampants du même, posés deux en chef et un en pointe. — *Couronne* : de comte. — *Supports* : deux lions.

HISTORIQUE : Cette branche est venue à Toulouse vers 1680, lorsque Nicolas de Reversat de Célés fut nommé conseiller au parlement. Depuis lors, plusieurs personnages distingués de cette famille se sont succédé dans cette magistrature. La maison de Reversat de Célés de Marsac a été représentée aux assemblées générales de la noblesse, tenues à Toulouse et à Muret en 1789.

SEIGNEURIES : Marsac et Montmaure, en Gascogne.

REPRÉSENTANTS ACTUELS : M. de Reversat de Marsac, rue des Renforts, 8, à Toulouse, et au château de Marsac, par Lavit (Tarn-et-Garonne) ; M. Victor de Reversat de Marsac, propriétaire, place Saint-Etienne, 11, et au château de La Bastide de Beauvoir (Haute-Garonne).

RICARD

ARMES : De pourpre, à une rose d'or ; au chef cousu d'azur, chargé d'une croix pattée et d'un croissant d'argent. — *Couronne :* de comte.

HISTORIQUE : Jean-Antoine et Marc-Antoine de Ricard frères, fils d'Antoine de Ricard et d'Isabeau de Capon, furent maintenus dans leur noblesse par jugement souverain rendu par M. Bazin de Besons, intendant de Languedoc, le 10 décembre 1668, et par M. de Lamoignon, le 30 mars 1697, sur la production dudit jugement. Louis-Guillaume de Ricard, conseiller à la cour des aydes de Montpellier, fit la revendication de ses droits nobiliaires devant la cour des comptes de Montpellier, qui rendit un arrêt conforme à la demande, enregistré parmi ses arrêts, le 23 août 1780.

REPRÉSENTANTS ACTUELS : MM. de Ricard, à Toulouse, à Montpellier, à Béziers et à Florensac (Hérault), et à Lisle-en-Dodon (Haute-Garonne).

RIEU *ou* DURIEU DE MADRON

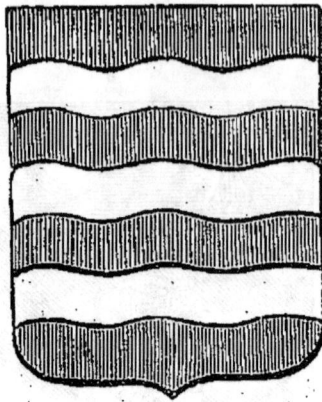

ARMES : De gueules, à trois fasces ondées d'argent, *allias* de sinople, à trois fasces ondées d'argent. — *Couronne* : de comte. — *Supports* : deux lions.

HISTORIQUE : Famille originaire du comté de Foix, qui se subdivise en plusieurs branches, distinguées par des noms de terres et des brisures dans les armes. Elle fut maintenue dans sa noblesse, par M. de Besons, le 2 août 1669. Messire Jean-Paul du Rieu de Madron, écuyer, seigneur haut-justicier, moyen et bas foncier et directe du lieu de Brie et co-seigneur directe dans la juridiction de Saverdun, au comté de Foix, dénombra et rendit hommage au Roi, à Pau, le 15 juin 1733 ; Jean-François du Rieu de Madron, chevalier, sieur de Brie, son fils, renouvela le dénombrement le 23 février 1736. Cette famille fut représentée à l'assemblée de la noblesse du pays de Foix en 1789. Elle a donné des officiers supérieurs à l'armée et des chevaliers à l'ordre de Saint-Louis.

REPRÉSENTANTS ACTUELS : M. Henri du Rieu de Madron, propriétaire et son fils, rue Perchepinte, 30, à Toulouse, et au château de Cuq-Albigeois (Tarn).

5.

RIGAUD

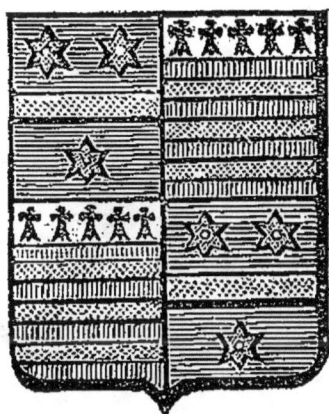

ARMES : Ecartelé : aux premier et dernier d'azur,
à la fasce d'or, accompagnée de trois molettes d'éperon d'or, posées deux en chef et une en pointe,
qui est de *de Rigaud;* aux deuxième et troisième de
gueules, à trois fasces d'or ; au chef d'argent,
chargé de cinq mouchetures d'hermine, qui est de
de Clermont-Lodève.

HISTORIQUE : Cette famille est originaire du pays
Castrais. Paul de Rigaud, conseiller du roi, était
receveur des tailles au diocèse de Castres vers 1700.
Joseph-Julien-Honoré de Rigaud, conseiller au parlement de Toulouse de 1769 à 1790, fut le défenseur de Catherine Estinés, victime des erreurs de
la justice des hommes. Cette famille fut représentée à l'assemblée de la noblesse, tenue en 1789.

REPRÉSENTANTS ACTUELS : M. Jules de Rigaud et son
fils, rue Sainte-Anne, 26, à Toulouse, et au château des Bousquets, par Lanta (Haute-Garonne).

RIGAUD DE LA ROUJANE

ARMES : D'argent, au lion rampant de gueules.
— *Couronne* : de comte. — *Supports* : deux griffons d'or.

HISTORIQUE : Nous croyons que les de Rigaud de La Roujane, au diocèse de Saint-Papoul, en Languedoc, forment une branche de l'ancienne maison de Vaudreuille. Nous avons sous les yeux un grand nombre d'actes publics relatifs à cette famille, dans lesquels sont consignées des qualifications nobiliaires. Exemple : « Ce mardi, 5e jour du mois de juillet 1661, ont été par moi, curé soussigné, épousés en l'église, Jean de Rigaud, écuyer, sieur de La Roujane, fils naturel et légitime de Jean-Jacques de Rigaud et de Dlle Catherine de Perraire, natif du lieu de Souille au diocèse de Saint-Papoul, sénéchaussée de Lauragais, etc., avec Dlle Gabrielle Gouaud, etc. »

REPRÉSENTANTS ACTUELS : MM. Rigaud de La Roujane, à Castelnaudary (Aude).

RIVALS

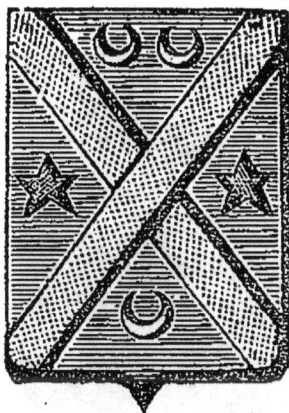

ARMES : D'azur, au sautoir d'or, accompagné en chef de deux croissants accostés d'argent, et d'un autre en pointe, flanqué de deux étoiles d'or. — *Couronne :* de comte.

HISTORIQUE : On trouve cette ancienne famille mentionnée dans le *Saisimentum comitatus Tolosæ* de 1271. Elle fut maintenue, dans toutes ses branches, par jugements souverains, rendus par M. de Besons, le 19 octobre 1668, le 13 juillet 1669 et le 17 octobre 1670, dans les diocèses d'Albi, Castres, Lavaur et Saint-Papoul. Elle a été représentée aux assemblées de la noblesse, tenues à Toulouse et à Lavaur en 1789.

SEIGNEURIES : Boussac, Canimont, Claux, Greuzes, Castanet, Paulin, Mazères, Ladevèze, la Pomarède, La Rivière, La Mothe, La Gagotte, Saint-André, Vignals, etc.

REPRÉSENTANTS ACTUELS : M. de Rivals de Boussac, propriétaire, à Lavaur ; M. de Rivals, propriétaire, à Servies, par Vielmur (Tarn). — MM. Théophile et Alphonse de Rivals-Mazères, place Saint-Etienne, 11, à Toulouse, et à Fiac (Tarn).

RIVALS DE VILLENEUVE
et DE MAZÈRES

ARMES : D'azur, au sautoir d'or, accompagné en chef de deux croissants d'argent accostés et d'un autre du même en pointe, et flanqué de deux étoiles d'or, qui est de *de Rivals* ; écartelé de gueules, à l'épée antique d'argent, garnie d'or, jetée en bande, la pointe en bas, qui est de *de Villeneuve*.

HISTORIQUE : C'est une branche de la famille de Rivals, des anciens diocèses de Castres et de Lavaur ; celle-ci résidait à Fiac, près de Lavaur ; elle a contracté des alliances avec les maisons les plus considérables du pays, notamment avec celle de Villeneuve, dont elle a écartelé ses armes, en vertu d'une substitution faite par Tristan de Villeneuve.

SEIGNEURIES : De Canimont, Castanet, Greuzes, Mazères, etc., en Languedoc.

REPRÉSENTANTS ACTUELS : M. Théophile de Rivals-Mazères, M. Alphonse de Rivals-Mazères et son fils, place Saint-Étienne, 11, à Toulouse, et au château de Fiac, par Lavaur (Tarn).

ROQUEMAUREL

ARMES : D'azur, au chevron d'or, accompagné de trois rocs d'échiquier du même, posés deux et un; chargé d'un levrier passant de sable, colleté et bouclé de gueules. — *Couronne* : de comte. — *Supports* : deux levriers d'argent, colletés et bouclés de gueules.

DEVISE : *Malo mori quam fœdari!...*

HISTORIQUE : Très ancienne famille du pays de Foix, maintenue dans ses dignités nobiliaires, en ses différentes branches, soit par les intendants de Languedoc, soit par ceux de Guienne et du Quercy. Elle a donné des sujets distingués à l'Eglise, à l'ordre de Malte, à la magistrature, à l'armée. Elle a été représentée aux assemblées de la noblesse, tenues en 1789.

REPRÉSENTANTS ACTUELS : M. Henri de Roquemaurel, à Villeneuve d'Agen ; M. Ernest, rentier, au Jardin-Royal, 10, à Toulouse ; M. Ernest de Roquemaurel de Saint - Cernin, lieutenant - colonel au 69e de ligne, O. ✳, à Oust (Ariége); M. Gaston de Roquemaurel, capitaine de vaisseau en retraite, C. ✳, rue des Paradoux, 32; Mme veuve Henri de Roquemaurel, au Jardin-Royal, 10 ; Mme veuve Gaston, allées Saint-Michel, 1, à Toulouse.

ROQUETTE

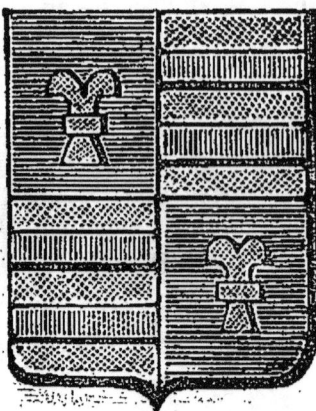

ARMES : D'azur, à un roc d'échiquier d'or ; écartelé d'or , à deux fasces de gueules. — *Couronne :* de comte. — *Supports* : deux lions, la tête contournée et lampassé d'or.

DEVISE : *Ajamés arré !...*

HISTORIQUE : La maison de Roquette, l'une des plus anciennes et des plus illustres du pays toulousain , a eu des représentants distingués dans tous les ordres de la chevalerie. Guillaume de Roquette, du Languedoc, est mentionné dans la charte de Damiette de 1249, comme faisant partie de la septième croisade, entreprise, sous le pontificat du pape Innocent IV, de 1248 à 1268. Elle a donné des personnages marquants à l'Eglise , au parlement, au capitoulat, à l'ordre de Malte, etc., avant de contracter son alliance avec la célèbre maison du Buisson de Beauvoir (voir ci-devant). dont elle a fait l'addition du nom au sien.

SEIGNEURIES : Auzielle, Magrins , les *baronnies* de Beauville et d'Auriac, etc.

REPRÉSENTANTS ACTUELS : Voir de Roquette-Buisson, ci-après.

ROQUETTE-BUISSON

ARMES : Parti : au premier coupé en chef d'azur,
à un roc d'échiquier d'or ; en pointe d'or, à deux
fasces de gueules, qui est de *de Roquette ;* au
deuxième, coupé en chef aussi coupé d'argent, au
lion issant de sable, et d'or, au buisson de sinople ;
en pointe, d'azur, à trois coquilles d'argent, posées
deux et une, qui est de *de Buisson de Beauvoir,*
— *Couronne* : de comte. — *Supports* : deux lions
rampants la tête contournée et lampassés.

DEVISE : *Ajamés arré !...*

HISTORIQUE : François de Roquette, seigneur de
Magrins, épousa, le 22 octobre 1623, Jeanne de
Buisson, dame de Varagne, de Cailhavel et de
Boussenac, fille de messire Barthélemy de Buisson
et de dame Jeanne de Noé, à la charge de faire
relever le nom et de porter les armes de Buisson
par le premier mâle qui naîtrait de ce mariage.
Ce fut Antoine de Roquette-Buisson, seigneur de
Magrins, Varaignes, Cailhavel et Boussenac, maintenu dans sa noblesse, par M. Bazin de Besons, le
28 janvier 1669.

ROQUETTE-BUISSON

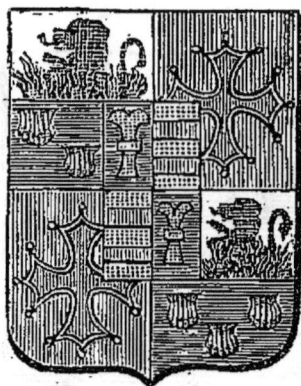

Armés : Coupé : en chef coupé d'argent, au lion issant de sable, et d'or au buisson de sinople, qui de *de Buisson*; écartelé de gueules, à la croix vidée, cléchée, pommetée et alézée d'or, qui est de *de Toulouse* (lettres patentes de François Ier, de février 1518. Voyez : Buisson de Beauvoir); sur le tout d'azur, au roc d'échiquier d'or, écartelé d'or, à deux fasces de gueules, qui est de *de Roquette.* — *Couronne :* de comte. — *Supports :* deux lions la tête contournée.

Devise : *Ajamés arré !...*

Historique : Cette branche est la descendance directe d'Antoine de Roquette-Buisson et de dame Marie de Lézat de Brugnac, de qui est né Bernard, le bailli de Manosque. Elle fut représentée à l'assemblée de la noblesse, tenue à Toulouse en 1789.

Représentants actuels : M. Maxime, comte de Roquette-Buisson, ancien député, ex-membre du conseil général et du conseil municipal, administrateur des hospices de Toulouse; exécuteur de l'obit de Malte, rue Saint-Remésy, 12; M. Georges, ex-conseiller de préfecture, même adresse, à Toulouse; M. Henri, au Jardin-Royal, 20, à Toulouse.

ROUCOUS DE SAINT-AMANS

ARMES : De gueules, à un mont coupeauné d'argent et de sinople, sommé de deux colombes se becquetant d'argent ; au chef cousu d'azur, chargé d'un croissant d'argent accosté de deux étoiles d'or. — *Couronne* : de comte ou de baron.

HISTORIQUE : La noblesse de cette famille vient du capitoulat de Laurent Roucous-Castanet, de 1737. Il reçut des actes de reconnaissance dans lesquels il est qualifié de seigneur de Saint-Amans, baron d'Is, en 1754. Son fils Jean en reçut aussi, en 1760 et en 1783, des habitants de Saint-Amans et d'Is. Cette famille fut représentée aux assemblées de la noblesse, tenues, à Castelnaudary et à Toulouse, en 1789. (Voir le *Nobiliaire Toulousain*, t. II, page 366.)

SEIGNEURIES : Saint-Amans et Is, en Lauragais.

REPRÉSENTANTS ACTUELS : M. Roucous de Saint-Amans, rue Darquier, 4 ; M. Roucous de Saint-Amans, curé de l'Ardenne, près de Toulouse ; M. G. Roucous de Saint-Amans, place Mage, 13, à Toulouse, et au château de Saint-Amans (Aude).

SAHUQUÉ

Armes : De gueules, au sureau de sinople terrassé de même, fleuri d'argent ; au chef cousu d'azur, chargé d'un croissant d'argent accosté de deux étoiles d'or. — *Couronne* : de comte.

Historique : Paul de Sahuqué fut capitoul de la ville de Toulouse en 1778, 1779 et 1780. Il était directeur honoraire de l'hospice de Saint-Joseph de La Grave en 1790. Il fut convoqué à l'assemblée de la noblesse, tenue à Toulouse en 1789.

Représentants actuels : M. Henri de Sahuqué, rue Croix-Baragnon, 10 ; M. Paul de Sahuqué, rue Vélane, 5 ; M. Louis de Sahuqué, ✳, ancien officier, rue du Taur, 38, à Toulouse ; M. Charles de Sahuqué, capitaine des cuirassiers, à Versailles (Seine-et-Oise), et leurs fils.

SAINTE-MARIE

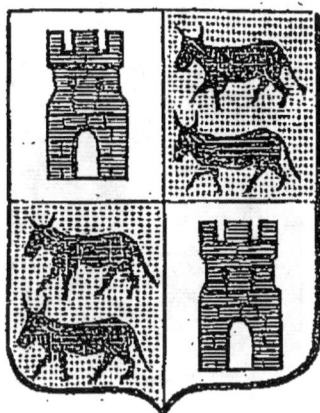

ARMES : D'argent, à la tour crénelée d'azur, qui est de *de Sainte-Marie*; écartelé d'or, à deux vaches passantes de sable, l'une sur l'autre, qui est de *de Lalli*. — *Couronne* : de comte. — *Supports* : deux lions.

HISTORIQUE : Cette ancienne famille est originaire de Normandie, de l'élection de Falaise. Une de ses branches est venue, vers le commencement du dix-huitième siècle, s'établir en Languedoc. Jean Eparche de Sainte-Marie, chevalier de Saint-Louis, maréchal-des-logis des gardes du roi, compagnie de Beauveau, se retira à Toulouse vers 1780. Jacques-Honoré de Sainte-Marie, dit le chevalier d'Aubiac, chevalier de Saint-Louis, servant dans le même corps, se retira, vers la même époque, à Lézat, où résidait la famille, ainsi que Jacques de Sainte-Marie, gendarme de la garde ordinaire du roi.

REPRÉSENTANTS ACTUELS : M. Eparche de Sainte-Marie, membre du conseil général de la Haute-Garonne, maire de Longages; M. Alphonse, rue Pharaon, 7; M. Achille, place Saint-Etienne, 14; M. Henri de Sainte-Marie, rue Tolosane, 7, à Toulouse, et à Lézat (Ariége).

SAINT-FÉLIX d'AYGUESVIVES

ARMES : D'azur, au levrier rampant d'argent, colleté de gueules, bordé, bouclé et noué d'or. — Une branche porte : Parti, au premier de gueules coupé d'argent, à six merlettes de l'un et l'autre; au second, comme ci-dessus.

HISTORIQUE : Les Saint-Félix sont connus depuis 1035, par un hommage rendu au vicomte de Nîmes. Cette maison, qui a donné au parlement, à l'Eglise, à l'ordre de Malte, à l'armée, au capitoulat, une longue suite d'hommes remarquables, est originaire de l'ancien diocèse de Lodève, où se trouve la terre-baronnie de Saint-Félix. Cette famille a été maintenue, dans ses différentes branches, par M. Bazin de Besons, en 1669, et représentée à l'assemblée de la noblesse en 1789.

SEIGNEURIES : Saint-Félix, Ayguesvives, Mauremont, Varennes, Clapiers, la Paillade, Couladère, etc.

REPRÉSENTANTS ACTUELS : M. Charles de Saint-Félix d'Ayguesvives, à Ayguesvives (Haute-Garonne); Mme veuve de Champreux d'Altenbourg, née de Saint-Félix d'Ayguesvives, rue Sainte-Anne, 14, à Toulouse; MM. de Saint-Félix de Mauremont, à Mauremont, à Cajarc (Tarn), à Castelsarrasin, etc.

SAINT-GERMAIN

ARMES : D'or, au lion rampant et lampassé de gueules ; au chef d'azur, chargé de trois étoiles d'argent. — *Couronne* : de comte. — *Supports* : deux lions.

HISTORIQUE : Izarn de Saint-Germain, chevalier, était du nombre des seigneurs qui signèrent l'acte du *Saisimentum comitatus Tolosæ* en 1271. Guillaume de Saint-Germain fut capitoul de la ville de Toulouse en 1590 et en 1599. François-Etienne de Saint-Germain, seigneur de la Valade, dénombra ses fiefs nobles devant les capitouls, le 2 avril 1689. Guillaume de Saint-Germain épousa Jeanne de Maguelonne, dans l'église de Saint-Sernin, le 13 juin 1660. Cette famille fut représentée à l'assemblée de la noblesse, tenue à Toulouse en 1789, par M. de Saint-Germain de la Valade.

SEIGNEURIE : La Valade, qui faisait autrefois partie du temporel des archevêques de Toulouse.

REPRÉSENTANTS ACTUELS : M. de Saint-Germain, rue du Taur, 38 ; M. de Saint-Germain, rue Fermat, 7 ; Mlle de Saint-Germain, rue Boulbonne, 7, à Toulouse.

SAINT-GINIES

ARMES : De gueules, au chevron d'argent ; au chef
cousu d'azur, chargé d'un croissant d'argent accosté de deux étoiles d'or ; écartelé d'azur, au
chien rampant d'argent contre une fontaine sur
son réservoir du même, maçonnée de sable à sénestre, dans laquelle il se désaltère. — *Couronne* :
de comte.

HISTORIQUE : Guillaume de Saint-Ginies, avocat,
capitoul en 1681, fut député aux Etats généraux de
Languedoc, par la ville de Toulouse, en 1684. Il
dénombra ses fiefs nobles, le 7 avril 1689. Son
fils Guillaume, procureur du roi en la viguerie de
Toulouse, fut élu capitoul en 1705, et son petit-fils
Guillaume a été député aux Etats généraux de
l'assiette, à Rieux, par la ville de Saint-Sulpice-de-
Lézat, en 1785 et en 1786.

REPRÉSENTANTS ACTUELS : M. Pierre-Antoine de
Saint-Ginies, maire d'Issus, canton de Montgiscard :
M. Sylvain-Gilbert, maire de Mauzac, canton de
Carbonne ; M. Paul-Henri, propriétaire, à Sainte-
Foy-de-Peyrolières (Haute-Garonne).

SAINT-PASTOU

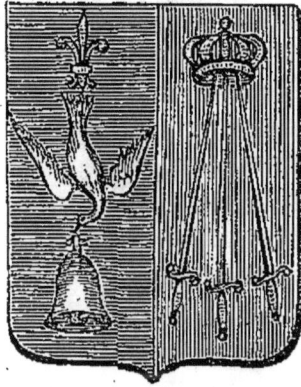

ARMES : D'azur, à un aigle d'argent fondant vers la pointe de l'écu et tenant à son bec une cloche, surmonté d'une fleur de lys d'or ; parti de gueules à trois épées d'argent garnies d'or, la pointe haute, réunies dans une couronne royale d'or mise en chef. — *Couronne* : de comte. — *Supports* : deux aigles, la tête contournée.

HISTORIQUE : Ancienne famille, maintenue dans sa noblesse par M. Laugeois, intendant de Montauban, les 29 mai et 26 décembre 1715 ; elle fut représentée à l'assemblée générale de la noblesse du Comminges, tenue à Muret en 1789, par messire Jean-Marie de Saint-Pastou, seigneur *baron* de Bonrepeaux, officier dans le régiment de Chartres-infanterie.

SEIGNEURIES : Boussas, en Astarac ; Montbrun, Bonrepeaux, etc., en Comminges.

REPRÉSENTANTS ACTUELS : Mme Maxime de Roquette-Buisson, née de Saint-Pastou, rue Saint-Remésy, 12, à Toulouse ; M. de Saint-Pastou, rue de la Dalbade, 6, à Toulouse.

SAINT-PAUL *ou* SAINT-POL

ARMES : D'azur, à une épée d'argent, la pointe en bas, la garde d'or, sur laquelle s'appuie un lion d'or, armé et lampassé du même. — *Couronne* : de baron. — *Supports* : deux lions.

HISTORIQUE : Ancienne famille des pays de Foix et d'Albigeois. Jean de Saint-Paul, seigneur de Bonneval, au diocèse d'Albi, et Jacques de Saint-Paul-Bonneval, son frère, ayant fait leurs preuves de noblesse depuis 1340 : Louis de Saint-Paul, sieur de Gaillac et Antoine de Saint-Paul, sieur de Laverein, au diocèse d'Albi, furent maintenus dans leur noblesse par jugement souverain rendu par M. Bazin de Besons, intendant de Languedoc, le 24 décembre 1668. Dans les anciens actes, on trouve ce nom écrit indifféremment : *Saint-Paul* ou *Saint-Pol*.

SEIGNEURIES : Bonneval, Laverein, Lias, Aubiac, etc.

REPRÉSENTANTS ACTUELS : M. Alban de Saint-Pol et ses deux fils, Georges et Henri, rue Mage, 22, à Toulouse, et à Lézat (Ariége).

SAINT-SARDOS

ARMES : D'argent, à trois sardines d'azur, posées en pal deux et une ; au chef d'azur, chargé d'un croissant d'argent accosté de deux étoiles du même.

DEVISE : *Toujours fidèle !...*

HISTORIQUE : La famille de Saint-Sardos a tiré son nom d'une seigneurie du Quercy, d'où elle est originaire. Pierre de Saint-Sardos, chevalier de Saint-Louis, mestre de camp, fut nommé gouverneur de Castelsarrasin, par lettres patentes du roi, du 4 mars 1766, enregistrées en la chambre des Comptes, le 23 septembre 1766 ; puis à Montauban le 6 janvier 1767. Jean, marquis de Saint-Sardos, de Mondenard, baron de Cazes, assista aux assemblées de la noblesse, tenues à Toulouse et à Cahors en 1789. Cette famille a produit ses titres nobiliaires devant M. d'Hozier, juge d'armes de France. Elle a été insérée dans *l'Indicateur Nobiliaire* de d'Hozier, p. 224.

REPRÉSENTANTS ACTUELS : Mme de Saint-Sardos, rue Perchepinte, 30, à Toulouse ; MM. de Saint-Sardos, à Castelsarrasin (Tarn-et-Garonne).

SALIMBENI (FOURAY del)

ARMES : De gueules, au lion rampant d'argent ; écartelé de gueules, à trois losanges d'argent posés deux et un, — *Couronne* : de marquis. — *Supports* : deux lions.

HISTORIQUE : Cette famille obtint des lettres de relief de noblesse, dans lesquelles il est dit : *nobles seigneurs, marquis de Bartolini Salimbini*. Elles furent délivrées, à Rome par le marquis Tarquin Piennezza, pro-secrétaire des archives de la noblesse, le 11 septembre 1778, et contre-signées, par M. Louis-Dominique Digne, conseiller secrétaire du roi, garde des archives, consul de France à Rome, etc., le 20 septembre 1778. La branche de cette famille, établie en France depuis 1778, a fixé sa résidence à Toulouse, et y a contracté d'honorables alliances avec les familles du pays.

REPRÉSENTANT ACTUEL : Mme veuve del Fouray de Salimbeni, née Laroche, propriétaire, rue de la Pleau, 13, et à Saverdun (Ariége).

SAMBUCY DE SORGUES

ARMES : D'or, au sureau de sinople fleuri d'argent, posé sur un croissant de gueules ; au chef d'azur, chargé d'un soleil agissant d'or. — *Couronne* : de baron.

HISTORIQUE : Marc-Antoine de Sambucy, avocat, fut élu capitoul de la ville de Toulouse en 1745. Les Sambucy de Luzençon ont la même origine nobiliaire que les Sambucy de Sorgues et autres. Joachim, conseiller au bureau de l'élection de Millau, fit le dénombrement de ses fiefs nobles, à Montauban, le 24 mars 1768. Cette famille fut représentée aux assemblées de la noblesse tenues en 1789. M. Auguste-Edouard-Charles-Marie-Joseph de Sambucy de Sorgues a obtenu une décision de la commission du sceau et un décret impérial lui confirmant le titre de *baron*, le 23 juillet 1864.

SEIGNEURIES : Sorgues, Linas, Luzençon, Rocan, en Rouergue.

REPRÉSENTANTS ACTUELS : M. le baron de Sambucy de Sorgues, et ses fils, rue Fermat, 3 ; M. Félix, rue Mage, 32 ; M. Adrien de Sambucy-Luzençon, rue du Vieux-Raisin, 30.

SAUZET

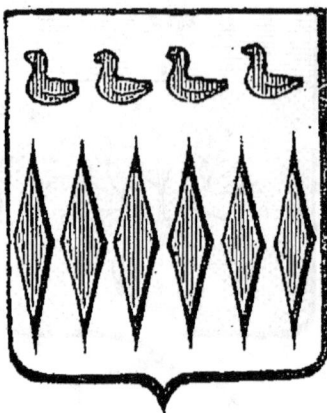

ARMES : D'argent, à six fusées de gueules rangées en fasce, surmontées de quatre canettes du même.

HISTORIQUE : Charles de Sauzet, Seigneur de Maylet, ayant produit ses preuves écrites de noblesse depuis 1567, fut maintenu par jugement souvérain, rendu par M. Bazin de Besons, intendant de Languedoc, le 16 mars 1670. Il obtint un arrêt de confirmation de noblesse, à la date du 3 février 1676, rendu par le bureau de la sénéchaussée de Montpellier. Il avait rendu hommage au roi le 15 avril 1634. Un sieur de Sauzet a fait ses preuves devant M. d'Hozier neveu, juge d'armes de France.

SEIGNEURIES : de Maylet, Fabrias, en Languedoc ; Ladhoue, etc., en Périgord.

REPRÉSENTANTS ACTUELS : M. Louis-Saint-Ange de Sauzet, au château de Boiris, par Saint-Lys (Haute-Garonne); et à Toulouse, rue Boulbonne, 11 bis, et son fils.

SAVY de GARDEIL

ARMES : D'azur, au caducée d'or, ailé d'argent. — *Couronne* : de marquis. — *Supports* : deux levriers d'argent, la tête contournée, colletés d'azur.

HISTORIQUE : Blaise Savy, avocat au parlement, fut capitoul en 1624. Jacques Savy a été maintenu dans sa noblesse, en vertu du capitoulat de son père, par M. Bazin de Besons, intendant de Languedoc, le 20 septembre 1669. Son fils, Jacques Savy, seigneur de Gardeil, dénombra ses fiefs nobles le 5 avril 1689. Salomon fut conseiller au parlement de Toulouse jusqu'en 1730. Jean-Augustin Savy de Brassalière fut capitoul en 1766, et de 1772 à 1780. Jean-François-Madelaine de Savy de Gardeil a fait partie du parlement de 1784 à 1790; il assista à l'assemblée générale de la noblesse, tenue à Toulouse en 1789, ainsi que M. Savy de Gardeil, sous-lieutenant dans le régiment de Beaujolais.

SEIGNEURIES : Gardeil et Savy, près de Verfeil.

REPRÉSENTANTS ACTUELS : M. Charles de Savy de Gardeil et M. Raoul, son fils, rue Perchepinte, 20 ; M. Félix de Savy de Gardeil, allées Louis-Napoléon, 64, à Toulouse.

SÉDILLAC

Armes : D'argent, au lion rampant de gueules, lampassé et armé de sable. — *Couronne* : de comte. — *Supports* : deux lions d'or, la tête contournée et lampassés de gueules.

Historique : Cette famille originaire du comté de Foix, produisit ses preuves de noblesse, depuis 1521, devant M. Sanson, intendant de Montauban, qui la maintint dans ses dignités nobiliaires, par jugement souverain, rendu le 12 décembre 1697. C'était la branche dite des seigneurs de Narbonnières, au pays de Foix. Les de Sédillac, seigneurs de Montcorneil, élection de Rivière-Verdun, ont produit devant M. Pellot, intendant de Guienne, le 1er juin 1667, et confirmés par M. Le Pelletier, intendant de Montauban, le 14 avril 1699. Les de Sédillac, seigneurs de Saint-Léonard, en Astarac, furent maintenus, par M. Laugeois, le 29 mars 1715.

Représentants actuels :

SOLAGES

ARMES : De gueules, au soleil agissant d'or. — *Couronne* : de marquis.

DEVISE : *Sol agens !...*

HISTORIQUE : La maison de Solages est d'ancienne chevalerie du Rouergue ; elle a pris son nom d'une châtellenie située près d'Espalion. La *Gallia Christiana*, à l'article des comtes de Rouergue et d'Armagnac, parle de cette maison d'une manière qui en prouve l'ancienneté et la distinction. En effet, on la voit, dès le commencement du onzième siècle, remplir les emplois et les grades les plus éminents. Elle a été représentée par plusieurs de ses membres aux croisades, dans l'ordre de Saint-Jean de Jérusalem, dans les armées, etc. Les armoiries de cette illustre maison figurent au musée des Croisades, à Versailles ; anciennement, elles étaient de gueules, au soleil agissant d'or. La baronnie de Tholet appartenait déjà aux de Solages en 1473 ; ils possédaient aussi plusieurs fiefs nobles dans le comté de Rouergue et dans le Quercy.

SOLAGES de ROBAL

ARMES : D'azur, au soleil agissant d'or, qui est de *de Solages* nouveau ; écartelé d'azur, à trois rocs d'échiquier d'argent, mis deux et un, qui est de *de Robal*. — *Couronne :* de marquis.

DEVISE : *Sol agens !...*

HISTORIQUE : La famille de Robal ou Rogbal, d'ancienne chevalerie, a porté ses biens et armes dans la maison de Solages par le mariage de Blanche de Robal, unique héritière, avec Antoine de Solages, baron de Tholet, en 1473. Depuis lors, les de Solages ont fait l'addition des noms et armes *de Robal* aux leurs. Cette famille a donné plusieurs chevaliers à l'ordre de Saint-Jean de Jérusalem, et des hommes distingués à l'Eglise, à l'armée et à la magistrature.

SEIGNEURIES : Baronnie de Tholet, de Castelnau de Peyralès, de Miremont, du Cayla, de Gabriac, de Robal, de Saint-Vensa, de Carmaux, etc., en Rouergue et en Albigeois.

REPRÉSENTANTS ACTUELS : MM. Gabriel de Solages père, Gabriel-Louis, Alphonse Marie-Paul, Henri-Marie, Albert ; Jules-Marie de Solages frères, à Paris, à Carmaux, à Blaye, et à Toulouse, rue Ninau, 19.

SOLIER *ou* DUSOLIER

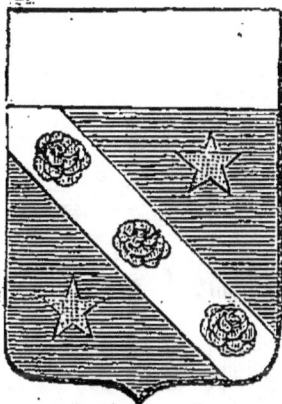

ARMES : D'azur, à la bande d'argent, chargée de trois roses de gueules, accompagnée de deux étoiles d'or ; au chef d'argent plein. — *Couronne* : de comte. — *Supports* : deux levriers d'argent colletés d'azur.

HISTORIQUE : Très ancienne famille de Languedoc, divisée en plusieurs branches, qui se distinguent entre elles par des noms de fiefs. Elle fut maintenue dans sa noblesse, par M. Bazin de Besons, en 1669 et en 1670, et par M. Le Gendre, intendant de Montauban, le 3 juin 1700. Puis, elle a été représentée à l'assemblée générale de la noblesse, tenue à Toulouse en 1789.

SEIGNEURIES : Fezembat, Gaye, dans le haut Languedoc, Audans, Lissac, Monneron, Brotty, etc.

REPRÉSENTANTS ACTUELS : M. Camille du Solier de Fezembat, rue de la Pomme, 70, à Toulouse; M. Hippolyte, receveur des postes, à Castelnau-Montmirail, par Gaillac (Tarn).

SOULAGES de LAMÉE

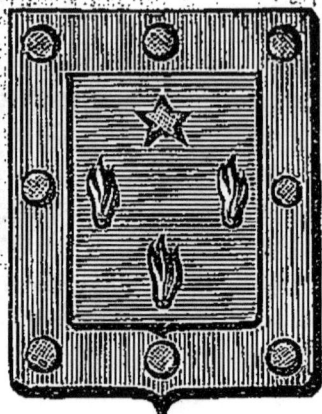

ARMES : D'azur, à trois flammes d'argent, posées deux et une ; en chef une étoile d'or ; à la bordure de l'écu de gueules, chargée de huit besants d'or, mis en orle. — *Couronne* : de comte.

HISTORIQUE : Jean-Paul de Soulages, seigneur de Lamée et de Trèbes, fut capitoul de Toulouse en 1706. Cette famille, qui a donné un conseiller au parlement de Toulouse, a été représentée à l'assemblée générale de la noblesse, tenue à Castelnaudary en 1789.

SEIGNEURIES : Lamée, Trèbes et Mazet au bas Languedoc.

REPRÉSENTANT ACTUEL : M. Gustave de Soulages de Lamée, propriétaire, rue des Coffres, 11, à Toulouse.

SUAREZ d'ALMEYDA

ARMES : Coupé : en chef, parti : au premier de
gueules, à la tour crénelée d'argent maçonnée de
sable, écartelé d'argent, au lion rampant de gueules :
au deuxième de gueules, à trois pals d'or ; en
pointe d'or, à l'arbre de sinople terrassé de même,
affronté à sénestre d'un lion de gueules rampant
contre le fût de l'arbre. — *Couronne* : de comte.

HISTORIQUE : Jean-Baptiste-Joseph Suarez d'Al-
meyda, procureur général au conseil supérieur du
Cap (île Saint-Domingue), originaire de Portugal,
se fixa à Toulouse en 1792, à la suite de la Révolution. Il donna la préférence à notre pays, parce
que les Suarez étaient venus s'y établir, avec le
marquis de Haro, ministre du roi d'Espagne, dis-
gracié, et avec plusieurs autres familles espagnoles,
après le mariage de Louis XIV avec Thérèse d'Au-
triche, infante d'Espagne. Ils se fixèrent au Lherm,
en venant d'Espagne.

REPRÉSENTANTS ACTUELS : M. Henri de Suarez d'Al-
meyda, allées Saint-Etienne, 44, et à Saint-Elix :
M. Charles, rue Fermat, 3, à Toulouse.

SUAU

ARMES : D'azur, au goëland essorant d'argent, sur une mer de sinople ondée d'argent ; au chef cousu de gueules, chargé d'un croissant d'argent accosté de deux étoiles d'or. — *Couronne :* de comte. — *Supports :* deux aigles.

DEVISE : *Deo et patria !...*

HISTORIQUE : Jean Suau, docteur avocat, fut élu capitoul de la ville de Toulouse en 1572, et Pierre de Suau, écuyer, docteur avocat, fut aussi honoré du capitoulat en 1579 et en 1588. Ses descendants étaient seigneurs du fief noble de l'Escalette, près de Pibrac.

SEIGNEURIE : L'Escalette, près de Pibrac, en Languedoc.

REPRÉSENTANT ACTUEL : M. Paúl Suau, avocat, attaché au cabinet du préfet de la Haute-Garonne, rue Perchepinte, 15, à Toulouse.

TEYNIER

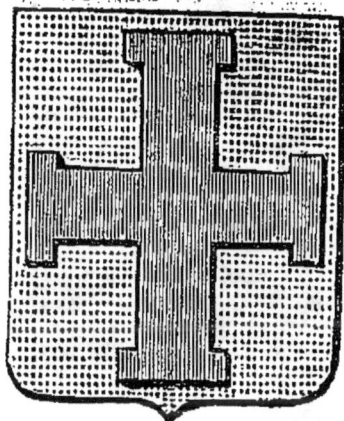

ARMES : D'or, à la croix potencée et alézée de gueules. — *Couronne :* de comte. — *Supports :* deux lions d'or.

HISTORIQUE : Jean-Louis de Teynier, ancien prieur de la Bourse de Toulouse, fut élu capitoul en 1767. Noble Jean-Louis de Teynier donna tous ses biens et sa fortune à M. Etienne Ville, son neveu, à la condition expresse de faire l'addition de son nom et de porter ses armes, et cela à l'occasion de son mariage avec Mᶫᶫᵉ Anne-Henriette Cabarrus, fille de feu M. D. Cabarrus, armateur à Bordeaux, suivant son contrat de mariage, passé à Bordeaux, devant Mᵉˢ Hazera et Gatelbe, notaires royaux.

REPRÉSENTANTS ACTUELS : M. Théodore Ville de Teynier, propriétaire, et son fils, rue Saint-Antoine-du-T, 12, à Toulouse.

THÉRON

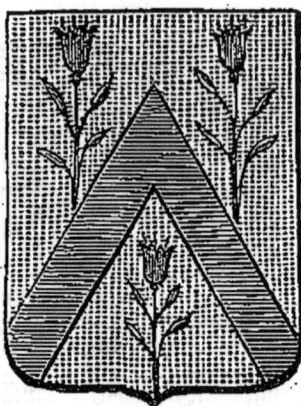

ARMES : D'or, au chevron d'azur, accompagné de trois tulipes tigées et feuillées de gueules, posées deux et une. — *Couronne :* de comte. — *Supports :* deux lions, la tête contournée.

HISTORIQUE : Cette famille est originaire de Languedoc ; en dernier temps, elle habitait à Bioule, près de Montauban, en Quercy, où elle fut convoquée à l'assemblée générale de la noblesse, tenue à Cahors en 1789. Elle a donné des hommes distingués à l'Eglise et à l'armée, un conseiller au parlement de Toulouse et un conseiller à la cour des aydes de Montauban.

SEIGNEURIES : Tillet, Ladevèze, Laurière, etc., en Quercy.

REPRÉSENTANTS ACTUELS : M. Théron, rue du Vieux-Raisin, 26 ; M. Louis Théron de Montaugé, membre du conseil général de la Haute-Garonne, rue Boulbonne, 19, et à Périole, près de Toulouse.

THOLOSANI de LA SESQUIÈRE

ARMES : D'azur, à une sirène de carnation se pei-
gnant et se mirant dans une psychée d'argent, sur
une mer d'argent ondée de sinople. — *Couronne* :
de comte. — *Supports* : deux licornes d'argent.

HISTORIQUE : Famille maintenue dans sa noblesse
par jugement souverain, rendu par M. Bazin de
Besons, intendant de Languedoc, le 19 avril 1669.
Elle a donné des capitouls à la ville de Toulouse
en 1631, 1646, 1654, 1663, 1657, 1682, un conseiller au parlement, plusieurs officiers à l'armée
et des ecclésiastiques distingués à l'Eglise. Antoine
Tholosani, réformateur et général de l'ordre de
Saint-Antoine de Vienne, né en 1555, défenseur
de l'Eglise catholique contre les doctrines calvi-
nistes, était de cette maison.

SEIGNEURIES : La Sesquière, Saint-Rustice, etc.

REPRÉSENTANT ACTUEL : M. Tholosani de La Sesquière, propriétaire, à Laroque (Tarn).

TORNIER de LAUNAGUET

ARMES : D'azur, à la tour crénelée d'argent, maçonnée de sable. — *Couronne* : de baron. — *Supports* : deux lions.

HISTORIQUE : On trouve le nom de cette maison écrit tantôt *Tornier*, tantôt *Tournier* et même *Tournoër*. Elle a donné un grand nombre de capitouls à la ville de Toulouse et quelques conseillers à son parlement. Jean-François de Tournier, président au parlement, rendit hommage au roi pour la *baronnie* de Launac, au diocèse de Toulouse, le 4 février 1737. Antoine Tornier, damoiseau, seigneur de Launaguet, capitoul en 1440, 1463-64, rendit hommage au roi pour la terre de Launaguet. Cette famille fut représentée à l'assemblée de la noblesse, tenue à Toulouse en 1789.

SEIGNEURIES : La *baronnie* de Launac, Launaguet, Soulirac, Murel, Vaillac, etc.

REPRÉSENTANT ACTUEL : Mlle de Tornier de Vaillac, rue des Couteliers, 44, à Toulouse.

TOULOUSE.

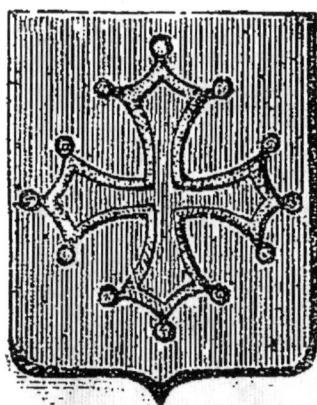

ARMES : De gueules, à la croix vidée, cléchée, pommetée et alézée d'or, dite *Croix de Toulouse*.

HISTORIQUE : Le pape Urbain II donna à Raymond IV, comte de Toulouse et de Saint-Gilles, dans la basilique de Saint-Sernin, une bannière rouge sur laquelle était la croix. Puis, il bénit tous les chevaliers qui allaient se croiser contre les infidèles (1095). Dès lors, l'ancienne et illustre maison des comtes de Toulouse retint la couleur rouge et la croix d'or pour son blason. Ce genre de croix est généralement connu, dans l'art héraldique, sous le nom de *croix de Toulouse*. En 1272, le comté de Toulouse ayant été réuni à la couronne de France, par l'extinction des comtes souverains, leurs armoiries furent concédées, par le roi François Ier, pour être portées en écartelure, à Denis de Buisson de Beauvoir, étant le plus proche parent des feux comtes de Toulouse, par lettres patentes données en février 1548. Actuellement les armoiries de la maison de Toulouse, sont portées par les de Toulouse-Lautrec et par les de Roquette-Buisson, ces derniers en exécution des pactes de mariage de François de Roquette, seigneur de Magrins, et de Jeanne de Buisson.

TOULOUSE DE LAUTREC.

ARMES : De gueules, à la croix vidée, cléchée, pommetée et alézée d'or, dite *croix de Toulouse;* écartelé de gueules, au lion rampant d'or, qui est de *de Lautrec.*

HISTORIQUE : La maison de Toulouse-Lautrec est très ancienne ; la branche aînée, dite des seigneurs de Montfa et de Saint-Germier, fut maintenue dans sa noblesse, au diocèse de Castres, par M. Bazin de Besons, intendant de Languedoc, le 20 septembre 1669. Dans les archives publiques, on trouve un grand nombre d'actes relatifs à cette famille, dont le nom est écrit tantôt *de Lautrec-Toulouse,* tantôt *de Toulouse-Lautrec,* et quelquefois *de Lautrec* tout court. Cette famille a donné un chevalier à l'ordre de Malte en 1640, des hommes distingués au clergé et à l'armée. Elle a été représentée à l'assemblée de la noblesse, tenue à Castres en 1789.

SEIGNEURIES : Lautrec, Montfa, Saint-Germier, etc.

REPRÉSENTANTS ACTUELS : M. de Toulouse - Lautrec, ✳, rue Vélane, 4 ; M. de Toulouse-Lautrec, rue de la Colombette, 30 ; M. Raymond de Toulouse-Lautrec, membre de l'Académie des Jeux-Floraux, rue du Vieux-Raisin, 31, à Toulouse.

TOULZA

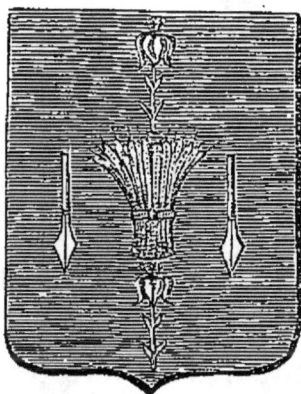

ARMES : D'azur, à la gerbe d'or, accostée de deux fers de lance d'argent, la pointe en bas, et accompagnée en chef et en pointe d'un lis de jardin d'argent. — *Couronne* : de comte. — *Supports* : deux lions d'or.

HISTORIQUE : M. Clément-Cyrille Toulza obtint des lettres de confirmation de noblesse du roi Charles X, données à Paris, le 26 mai 1827 ; elles furent enregistrées par la cour royale de Toulouse, le 26 mars 1828. Il habitait Rabastens (Tarn). Le nom de Toulza, Tolza, Tholza, etc., se trouve souvent écrit dans l'histoire de notre pays et dans des actes anciens conservés dans nos archives publiques, tels que : hommages, dénombrements de fiefs nobles, reconnaissances féodales, etc.

REPRÉSENTANTS ACTUELS : M. Philippe de Toulza, propriétaire, à Rabastens (Tarn) ; M. Etienne de Toulza fils, même adresse, et à Paris, rue Godot-de-Mauroi, 39.

TOULZA

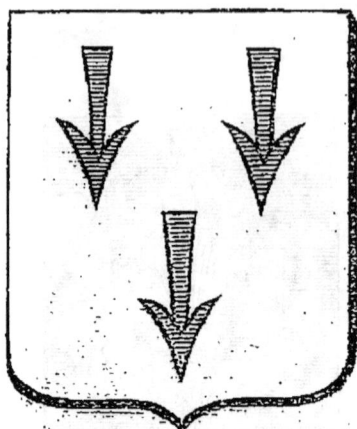

ARMES : D'argent, à trois fers de lance d'azur, la pointe en bas, posés deux en un.

HISTORIQUE : Tolsa, Tholza, Tolza, Toulza, etc., malgré ces variantes d'orthographe, est le nom d'une très ancienne famille noble du pays Toulousain, dont il est souvent question dans les registres de l'Inquisition, dans la chartre de Siçard Alaman, de 1247 ; dans le *Saisimentum comitatus Tolosæ,* de 1271 ; dans *l'Ode à la Vérité*, où est cité Gaillard Toulza parmi les plus vaillants chevaliers qui accompagnaient Duguesclin ; dans *l'Histoire générale de Languedoc*, etc. Elle était établie primitivement au pays de Lauragais, où elle possédait plusieurs fiefs nobles. Un de ses membres, Bernard, frère de Gaillard Toulza, fut se fixer à Rabastens en Albigeois, où il fit branche. C'est la seule qui existe aujourd'hui. Elle a donné des hommes distigués à l'armée, à la magistrature et à l'Eglise. Avant la Révolution, les armoiries de la maison de Toulza étaient telles qu'elles sont représentées ci-dessus ; et lors de la concession des lettres patentes de confirmation de noblesse, données le 26 mai 1827, elles furent modifiées par le juge d'armes, comme ci-contre, en y maintenant les fers de lance.

TOURNEMIRE

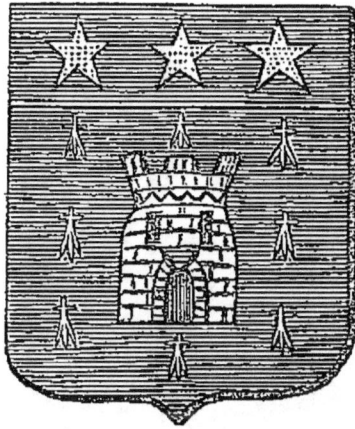

ARMES : D'azur, à la tour d'argent, maçonnée et ajourée de sable, accompagnée de huit mouchetures d'hermine d'argent, posées en orle ; au chef cousu d'azur, chargé de trois étoiles d'or. — *Couronne* : de comte. — *Supports* : deux hermines.

HISTORIQUE : Cette famille, orginaire du Toulousain, a eu, en plusieurs fois, depuis 1472, les honneurs du capitoulat. Elle fut maintenue dans sa noblesse, en ses différentes branches, par M. Bazin de Besons, intendant de Languedoc, les 12 août et 17 novembre 1669, et le 17 janvier 1670. M. de Tournemire fut admis aux honneurs de la cour, le 30 mars 1785.

SEIGNEURIES : Pouze, Novital, Raissac, Lacroix-Falcarde, etc. Ces deux dernières seigneuries furent dénombrées par François de Tournemire, devant les capitouls, le 23 janvier 1727 : il rendit aussi hommage pour ses deux terres.

REPRÉSENTANTS ACTUELS : Nous croyons cette famille éteinte ou du moins tombée en quenouille dans la maison Adoue de Sailhas.

TOURREIL

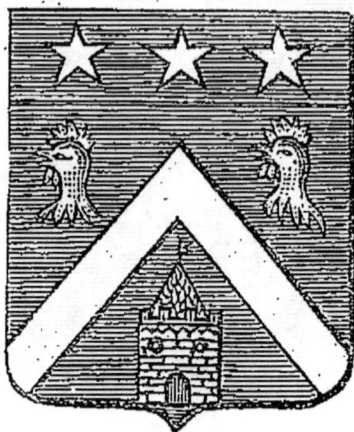

ARMES : D'azur, au chevron d'argent, accompagné en chef de deux têtes de coq crêtées et barbées d'or, et en pointe, une tour donjonnée, crénelée d'argent, maçonnée et ajourée de sable ; au chef cousu d'azur, chargé de trois étoiles d'argent. — *Couronne* : de comte. — *Supports* : deux lions.

HISTORIQUE : L'anoblissement de cette famille vient du capitoulat de François Tourreil, élu en 1664 ; ensuite, elle a donné des conseillers et des présidents au parlement de Toulouse, deux trésoriers généraux de France en la généralité de Montauban, et Jacques de Tourreil, né à Toulouse en 1656, qui obtint deux prix d'éloquence à l'Académie française. Il traduisit les *Philippiques*, les *Olynthiennes* et quelques autres discours de Démosthènes. Il fut un des quarante membres de l'Académie française, et mourut en 1715. Cette famille est éteinte ou éloignée de notre pays.

VALMALETTE

ARMES : D'azur, au chevron d'or, accompagné
de trois étoiles d'argent, posées deux en chef et une
en pointe. — *Couronne* : de comte. — *Supports* : un
lion couché et un chevalier armé tenant de sa
main sénestre un étendard.

DEVISE : *Honor felicem stellam effigit !...*

HISTORIQUE : Pierre de Valmalette fut élu capitoul de la ville de Toulouse, en 1756, par le quartier du Pont-Vieux. Alexandre de Valmalette, né
le 15 mai 1758, transporta sa résidence, à la suite
de son mariage, à Cintegabelle, diocèse de Rieux ;
et un autre membre de cette famille fut s'établir
dans les Cévennes, où il a donné une descendance.
La maison de Valmalette a fourni plusieurs officiers à l'armée.

REPRÉSENTATS ACTUELS : Mme veuve de Ferriol, née
Marie-Alexandrine de Valmalette, propriétaire à
Cintegabelle (Haute-Garonne), et à Toulouse, rue
Saint-Antoine-du-T, 5 ; M. de Valmalette, juge,
à Sétif (Algérie) ; M. Gaston de Valmalette, propriétaire, à Saint-Etienne-les-Cévennes : M. Gabriel
de Valmalette et M. Amédée de Valmalette, à Paris.

TOURTOULON

ARMES : D'azur, à la tour crénelée d'argent, ouverte, ajourée et maçonnée de sable, surmontée d'un étendard de deux bandelettes ondoyantes d'argent, à la hampe d'or, mise en barre, accompagnée de trois colombes (ou tourterelles) d'argent, l'une contournée et adextrée au canton chef, les deux autres affrontées vers le bas de la tour ; en pointe, une molette d'éperon d'or. — *Couronne* : de marquis — *Supports* : deux lions d'or, armés et lampassés de gueules, la tête contournée.

HISTORIQUE : La famille de Tourtoulon est très ancienne ; elle a été maintenue dans sa noblesse par jugement souverain, rendu par M. Bazin de Besons, intendant de Languedoc, le 14 décembre 1668. Elle a donné des hommes distingués à l'armée.

SEIGNEURIES : Banières, du Prat, du Pujol, Serres, Valescure, la Blaquière, Beauvoir, Lasalle-Salendrenque, la Coste, Masbonnet, la Canourgue, la Peyrouse, etc.

REPRÉSENTANTS ACTUELS : MM. Antoine-Pierre-Marie et Charles-Jean-Marie de Tourtoulon, père et fils, à Montpellier (Hérault), et au château de Prades, près de Lasalle (Gard).

6..

USTOU.

ARMES : Parti : au premier d'or, à la vache de gueules, colletée et clarinée d'argent, qui est d'*Ustou* : au deuxième d'azur, à la croix d'argent, cantonnée en chef de deux étoiles du même.

HISTORIQUE : Cette famille fut maintenue dans sa noblesse par jugement souverain, rendu par M. Bazin de Besons, intendant de Languedoc, le 13 novembre 1660, et par M. Le Pelletier, intendant de Montauban, le 5 décembre 1699. Les preuves fournies remontaient en 1530. Cette famille fut représentée aux assemblées de la noblesse, tenues à Toulouse et à Muret en 1789.

SEIGNEURIES : Molette, Montberaud, Saint-Michel, Morlhon, Lestelle et Beauchalot, en Comminges.

Nous croyons cette famille éteinte depuis le commencement de ce siècle.

VERBIGIER de SAINT-PAUL

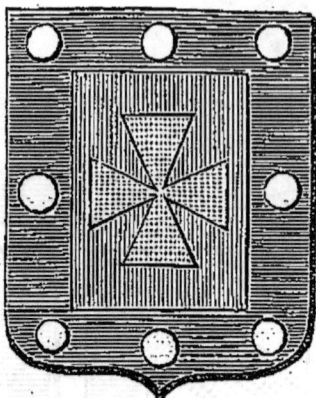

ARMES : De gueules, à la croix pattée et alézée d'or, à la bordure de l'écu d'azur, chargée de huit besants d'argent mis en orle.

HISTORIQUE : L'orthographe du nom patronymique de cette famille varie ; on le trouve écrit dans les anciens actes : *Berbigier*, *Berbizier*, *Verbigier*, etc. Les Berbigier ou Verbigier, seigneurs de Sainte-Croix, de Sablon, en Comminges, gentilshommes verriers (preuves de 1544), furent maintenus dans leur noblesse, par M. Le Pelletier, intendant de Montauban, le 19 juillet 1698. La branche dite des sieurs de Bordenave fut maintenue, par le même, le 2 août 1698. Une branche de cette famille a pris le nom de : *de Saint-Paul*.

SEIGNEURIES : Sainte-Croix, Sablon, Bordenave, Saint-Paul, au pays de Foix.

REPRÉSENTANTS ACTUELS : M. Gaston Verbigier de Saint-Paul, préfet du Nord, O. ✳, à Lille ; MM. Gustave et Guy, ses fils; M. Gustave Verbigier de Saint-Paul, receveur particulier à Saint-Gaudens ; Mlle Célanir, à Fabas (Ariége).

VÉSIAN

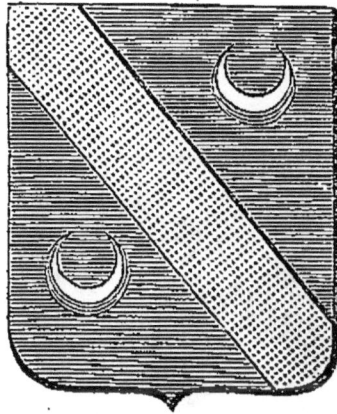

ARMES : D'azur, à la bande d'or, accompagnée de deux croissants d'argent, un en chef et l'autre en pointe. — *Couronne* : de comte.

HISTORIQUE : Cette famille a été maintenue dans sa noblesse par jugement souverain, rendu par M. Bazin de Besons, intendant de Languedoc, le 27 septembre 1669. Elle a donné plusieurs conseillers au parlement de Toulouse. On voit dans les listes capitulaires trois capitouls de ce nom, en 1468, en 1472 et en 1674. La famille de Vésian a été représentée aux assemblées générales de la noblesse, tenues en 1789.

SEIGNEURIES : Husac, Belcastel, etc., en Languedoc.

REPRÉSENTANTS ACTUELS : MM. François de Vésian, Hyacinthe fils, avocat ; François et Albert, petits-fils, à Castelnaudary (Aude) : MM. Gustave de Vésian et Georges, son fils ; MM. Jules de Vésian et Alexandre, son fils ; MM. Louis et Eugène de Vésian, à Castelnaudary (Aude), M. de Vésian, avocat, à Albi (Tarn).

VIGNES de PUYLAROQUE

ARMES : D'argent, à la vache de gueules paissant sur une terrasse de sinople. — *Couronne* : de marquis. — *Supports* : deux lions.

HISTORIQUE : Cette famille a été maintenue noble de race par jugement souverain, rendu par M. Bazin de Besons, intendant de Languedoc, le 17 septembre 1668. Elle a donné plusieurs chevaliers à l'ordre de Malte. La terre de Puylaroque a été érigée en *marquisat* en faveur de messire Réné-François de Vignes, seigneur de Parissot, Cornusson et Mondomerg, par lettres patentes données, à Chambord, le 11 du mois de septembre 1685, enregistrées au parlement de Toulouse en novembre 1685. Elle a été représentée à l'assemblée de la noblesse tenue en 1789.

REPRÉSENTANTS ACTUELS : M. Raymond de Vignes de Puylaroque, au château de Castelnau-d'Estrétefonts (Haute-Garonne) ; MM. de Vignes de Puylaroque, à Bruniquel et à La Bastide-de-Saint-Pierre (Tarn-et-Garonne).

VIGUERIE

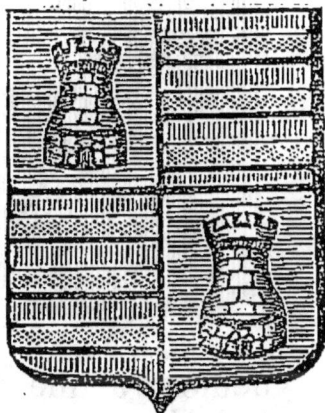

ARMES : D'azur, à la tour crénelée d'argent, maçonnée de sable ; écartelée de gueules, à trois
fasces d'or. — *Couronne :* de comte. — *Supports :*
deux lions.

HISTORIQUE : Famille originaire de Toulouse, maintenue dans sa noblesse, en vertu du capitoulat,
par M. Bazin de Besons, intendant de Languedoc,
le 14 avril et le 15 août 1669. Elle fut représentée
à l'assemblée de la noblesse, tenue à Toulouse en
1789. Cette maison a donné plusieurs capitouls à la
ville de Toulouse et plusieurs conseillers au parlement de la même ville.

SEIGNEURIE : Gratentour, au diocèse de Toulouse.
Ils dénombrèrent plusieurs autres fiefs nobles à
diverses époques.

REPRÉSENTANTS ACTUELS : M. Adolphe de Viguerie,
rue du Taur, 65 ; M. Auguste de Viguerie, boulevard Napoléon, 62 ; Mlle de Viguerie, rue du Sénéchal, 10, à Toulouse.

VILLENEUVE

Armes : De gueules, à une épée antique d'argent montée d'or, jetée en bande la pointe en bas. — *Couronne* : de marquis. — *Supports* : deux lions tenant une bannière aux armes *de Villeneuve* et *de Toulouse*.

Devises : *Sicut sol emicat ensis.* — *Victori et Fideli!...*

Historique : La maison de Villeneuve est une des plus anciennes et des plus illustres de France : elle a été représentée avec distinction aux Croisades, dans l'ordre de Saint-Jean de Jérusalem, dans le haut clergé, sur les champs de bataille et dans l'armée. En un mot, tout ce qui a pu honorer et décorer encore la noblesse, ses illustres descendants l'ont pratiqué avec la grandeur du gentilhomme.

Représentants actuels : M. le marquis de Villeneuve, Mme la marquise de Villeneuve-Arifat, née de Villeneuve, maîtresse ès Jeux-Floraux, rue du Vieux-Raisin, 37 ; Mme de Villeneuve-La-Crozille, place des Pénitents-Blancs, 14 ; Mme de Villeneuve, de Faudoas, rue du Sénéchal, 7 ; M. de Villeneuve-Lanrazous, rue Nazareth, 28 ; M. Raymond de Villeneuve, rue de Cugnaux, 26, à Toulouse ; M. Adalbert de Villeneuve, sous-lieutenant au 7e cuirassiers.

WAROQUIER

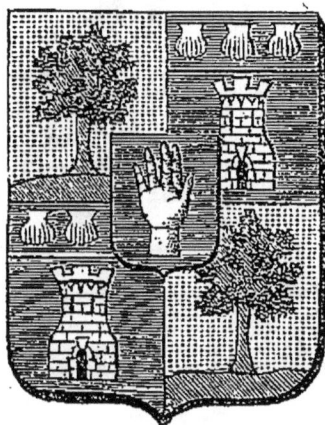

ARMES : D'or, au chêne de sinople ; écartelé d'azur, à la tour d'or ; au chef d'azur, chargé de trois coquilles d'argent, qui est de *de Puel-Parlan;* sur le tout d'azur, à la main dextre appaumée d'argent, en pal d'argent, qui est de *de Waroquier.*

HISTORIQUE : Cette famille, originaire de l'Artois, en Rouergue, a été maintenue dans sa noblesse par jugement souverain, rendu par M. Sanson, intendant de Montauban, le 26 mars 1697. Le généalogiste Louis-Charles de Waroquier, né à Saint-Affrique, le 3 juin 1757, était de cette maison. M. Jean-Baptiste-Marie-Frédéric-Gédéon de Waroquier, né à Saint-Affrique (Aveyron), en 1807, fut autorisé, par ordonnance royale du 18 mars 1843, de prendre et de faire l'addition des noms et armes de *de Puel-Parlan,* en vertu d'une substitution.

SEIGNEURIES : Mirecourt, La Mothe, Combles, etc.

REPRÉSENTANTS ACTUELS : M. Hersin de Waroquier, à Cherchell (Algérie) ; M. Gédéon de Waroquier de Puel-Parlan père, rue de la Dalbade, 7 ; M. Arthur, rue Perchepinte, 39 ; MM. Clément fils et frères, rue de la Dalbade, 7, à Toulouse.

YRENNE *ou* IRENNE

ARMES : Ecartelé : au premier de gueules, à la cloche d'argent ; au deuxième d'azur, au lion rampant d'or, lampassé de sable ; au troisième d'azur, à quatre besants, posés deux et deux ; au quatrième de sinople, à trois fasces d'argent. — *Couronne* : de comte.

HISTORIQUE : Cette famille, du pays de Comminges, a été maintenue dans sa noblesse, après avoir fait remonter ses preuves nobiliaires à 1551, par M. Le Pelletier, intendant de Montauban, le 16 mai 1699. Elle fut représentée à l'assemblée de la noblesse du Comminges, tenue à Muret, en 1789. Les descendants de cette famille ont obtenu un jugement de rectification du tribunal de Toulouse, rendu le 30 décembre 1859.

SEIGNEURIES : Du Perget, de Lalanne, en Comminges ; Saint-Maurice et Ginibral, en Quercy.

REPRÉSENTANTS ACTUELS : M. Paul d'Yrenne de Lalanne, inspecteur des forêts en retraite, rue Tolosane, 3, à Toulouse ; M. d'Yrenne de Lalanne, juge, à Foix ; Mme Yrenne de Lalanne, rue Nazareth, 13 ; Mme veuve d'Auriol, née d'Yrenne de Lalanne, rue Nazareth, 20, à Toulouse.

YVERSEN

ARMES : D'or, à un cerf ailé et élancé de gueules, ramé de sable ; au chef d'azur, chargé d'un soleil rayonnant d'or, accosté de deux croissants d'argent. — *Couronne* : de baron.

HISTORIQUE : La famille d'Yversen, representée à l'assemblée de la noblesse, tenue à Toulouse en 1789, produisit ses preuves de noblesse devant M. d'Hozier, juge d'armes de France. M. Roch-François-Alphonse d'Yversen, né à Gaillac (Tarn), capitaine de cavalerie, chevalier de Saint-Louis, obtint le titre de *baron*, avec création d'un majorat, par lettres patentes datées du 15 novembre 1817 ; elles furent enregistrées par la cour royale de Toulouse, le 9 février 1818.

SEIGNEURIES : De Saint-Fonds et du Pouget, en Albigeois.

REPRÉSENTANTS ACTUELS : M. le baron d'Yversen, propriétaire, à Gaillac (Tarn) ; MM. Alphonse, Frédéric et Hippolyte d'Yversen, propriétaires, à Gaillac (Tarn), et à Toulouse, rue Perchepinte, 30.

DU MÊME AUTEUR :

1º *Le Guide Toulousain*, édition de 1849 ; 1 vol. in-12.

2º *L'Annuaire général de la Haute-Garonne* de 1852 à 1866 ; 15 vol. in-12.

3º *Le Guide Toulousain*, édition de 1853 ; 1 vol. in-12.

4º *Armoiries de la ville de Toulouse*, description historique et héraldique ; 1855 ; in-fº imprimé sur papier et sur parchemin.

5º *Histoire de l'Exposition des Beaux-Arts et de l'Industrie de Toulouse en 1858* ; 1 vol. in-12, avec gravures.

6º *Histoire de l'antique église de Saint-Sernin du Taur*, actuellement Notre-Dame du Taur ; 1860 ; 1 vol. in-18.

7º *Notice historique et descriptive de la Bannière d'honneur donnée, au nom des habitants de la ville de Toulouse, à la Société Clémence-Isaure*, etc. ; in-4º.

8º *Histoire de toutes les saintes Reliques conservées dans l'insigne basilique de Saint-Saturnin ;* 1862 ; 1 vol.

9º *Nobiliaire Toulousain ;* 1863 ; 2 vol. in-8º, avec blasons.

10º *Annales du dix-neuvième siècle de la ville de Toulouse ;* 1865 ; 1 vol. in-12.

11º *Histoire de l'Election municipale de 1865 ;* 1867 ; une édition in-12 et une édition in-18.

12º Programmes historiques et descriptifs des Fêtes de Charité données les 22 et 23 avril 1860 ; — du Concours régional agricole tenu à Toulouse du 18 au 26 mai 1861 ; — des Fêtes de Charité de 1865 ; — des Fêtes de Toulouse à l'occasion de la Canonisation de sainte Germaine, en 1867 ; — etc., etc., etc.

13º *Le Guide Toulousain ;* 3e édition, 1868 ; 1 vol. in-18, avec cartes.

14º *Indicateur du Nobiliaire Toulousain,* 1868 . 1 vol. in-18

15º *Armorial Toulousain,* première partie, 1869 ; 1 vol. in-18.

Sous Presse :

1º *L'Armorial Toulousain*, deuxième partie, avec plus de 200 blasons, gravés sur bois; 1 vol. in-18.

2º *L'Indicateur du Nobiliaire Toulousain*, nouvelle édition 1869-1870. Nouvelle édition, revue, corrigée et considérablement augmentée.

En préparation

POUR PARAITRE INCESSAMMENT :

1º *Le Nobiliaire Toulousain*, deuxième partie, dite des *Généalogies*.

2º *Histoire des Chevaliers de Saint-Jean-de-Jérusalem ou de Malte, de la vénérable langue de Provence.*

3º *Les Fiefs nobles titrés* du ressort du Parlement de Toulouse; 1 vol. in-18.

4º *Les Jugements de condamnation pour usurpation de Noblesse.*

Toulouse, Hébrail, Durand et Comp., imprimeurs-libraires.

www.ingramcontent.com/pod-product-compliance
Lightning Source LLC
Chambersburg PA
CBHW070810270326
41927CB00010B/2371